1 漢字の読み 1

出る順 ランクA

合格 15/18

得点

◆次の――線の読みをひらがなで書きなさい。

1 費用を何とか捻出した。
2 戦争の惨禍を伝える写真だ。
3 人前で罵倒される。
4 長年の懸案がようやく解決した。
5 両派の蜜月時代は終わった。
6 寛厳よろしきを得た教育だ。
7 少子化対策は焦眉の問題だ。
8 犯人の行方を必死で探索した。
9 賄賂を贈って便宜をはかってもらう。
10 対戦相手を次々と粉砕した。
11 過去に遡及して適用させる。
12 二つの案が折衷された。
13 脊柱は体幹の中軸だ。
14 風薫る季節になった。
15 人を蔑む態度は好ましくない。
16 武道を通して克己心を培う。
17 溺れた人を助けて褒賞された。
18 謹んでお悔やみ申し上げます。

2 漢字の読み 2

出る順 ランクA

合格 15／18

得点

◆次の――線の読みをひらがなで書きなさい。

□ 1 被告人が**勾留**される。

□ 2 町の**老翁**から昔の話を聞いた。

□ 3 神や自然を**畏怖**する。

□ 4 事の真偽は**寡聞**にして存じません。

□ 5 身近な人の栄達を**羨望**する。

□ 6 部下を厳しく**叱責**する。

□ 7 文書で**遺憾**の意を表した。

□ 8 吸収されて大企業の**傘下**に入る。

□ 9 **出藍**の誉れの呼び声が高い。

□ 10 目先の情勢に**拘泥**して大局を見失う。

□ 11 **乾麺**を袋詰めにする作業。

□ 12 時代の**奔流**に巻き込まれた。

□ 13 知人が旅先で**頓死**した。

□ 14 限られた予算で**賄**うよう工夫する。

□ 15 **苛酷**な労働を強いられる。

□ 16 釣り糸に**藻**が絡み付いた。

□ 17 **憧**れの職業に就く。

□ 18 紅葉の枝を竹筒に**挿**す。

3 漢字の読み 3

出る順 ランクA

合格 15/18

得点

◆次の――線の読みをひらがなで書きなさい。

1 大統領が就任式で**宣誓**をした。

2 **臼歯**が虫歯になった。

3 入院中の友の**快癒**を祈る。

4 犯人は**隠蔽**工作をした。

5 駐屯地からの**撤退**が命じられた。

6 取捨選択は**恣意**に任せる。

7 職務を忠実に**履行**する。

8 **一旦**は中止と決まった。

9 問題点を**漸次**是正していく。

10 漢字を**楷書**で丁寧に書く。

11 相互**扶助**の精神を養う。

12 掃除を終え**雑巾**の水を絞る。

13 父は**紳士**服専門店で背広を新調した。

14 **長袖**のドレスを買う。

15 **畝**を作って苗を植える。

16 タオルで汗を**拭**く。

17 責任を自覚して**襟**を正す。

18 友情に**綻**びが生じる。

4 漢字の読み 4

出る順 ランクA

合格 15/18

得点

◆次の――線の読みをひらがなで書きなさい。

□1 入賞作と比べても遜色ない作品だ。
□2 慶事に際して赦免された。
□3 僅差で勝利を手にした。
□4 鶏卵は滋養のある食品だ。
□5 歌舞伎の世界に身を置く。
□6 英語の発音を矯正した。
□7 汎愛の精神に富む。
□8 新しい閣僚が発表された。
□9 友人と立てた計画が潰れた。
□10 優勝旗と賜杯が授与された。
□11 草木が鬱然としている。
□12 涼しげな水槽を室内に置く。
□13 薬膳料理をふるまう。
□14 急逝した友を心から悼む。
□15 うわさを嗅ぎつけた記者がやってきた。
□16 二人の間の溝は深まるばかりだ。
□17 錦の御旗を掲げる。
□18 愁いに沈んだ顔をしている。

5 漢字の読み 5

出る順 ランクA

合格 15／18

得点

◆次の——線の読みをひらがなで書きなさい。

□ 1 国家の**斉唱**で式典が始まった。
□ 2 友人に小説の**梗概**を話す。
□ 3 **韻律**を学んで漢詩を詠んだ。
□ 4 船長は**右舷**にかじを切った。
□ 5 せっかく集めた資料が**散逸**してしまった。
□ 6 努力は成功の**必須**条件だ。
□ 7 敵情をひそかに**偵察**する。
□ 8 **緻密**な仕事ぶりに感心する。
□ 9 失言が原因で**罷免**された。
□ 10 家族の前で**傲慢**な態度をとる。
□ 11 模様のある**封筒**を使う。
□ 12 公正な**沙汰**を信じて待つ。
□ 13 今日は**洗濯**日和だ。
□ 14 彼の振る舞いは相手を**萎縮**させる。
□ 15 **渦潮**で有名な海峡だ。
□ 16 **肘**が当たらないようにする。
□ 17 春の**岬**はとても静かだった。
□ 18 物事の要点を**捉**える。

6 漢字の読み 6

出る順 ランクA

合格 15／18

得点

◆次の――線の読みをひらがなで書きなさい。

□ 1 日本語と英語が**併用**されている。

□ 2 家臣と共に**籠城**する。

□ 3 役所に**婚姻**届けを提出した。

□ 4 正月に寺社に**参詣**する。

□ 5 **惰眠**をむさぼってはいられない。

□ 6 **好餌**に釣られてしまった。

□ 7 車が**頻繁**に出入りする所だ。

□ 8 **滑稽**なしぐさをする。

□ 9 言葉は時代とともに**変遷**する。

□ 10 大きな声で**挨拶**する。

□ 11 会議の内容を**概括**して記す。

□ 12 **所詮**は子どものすることだ。

□ 13 図書館で**文献**を調べる。

□ 14 豆を**煎**る香ばしい香りがする。

□ 15 医者に体の調子を**診**てもらう。

□ 16 他人の成功や幸せを**妬**む。

□ 17 次年度の予算の**枠**を拡大する。

□ 18 化けの皮が**剝**がれた。

7 漢字の読み 7

出る順 ランクA

合格 15/18

得点

◆次の――線の読みをひらがなで書きなさい。

1 ガラスの製造は窯業の一分野だ。
2 彼には羞恥心が全くない。
3 入学の際に奨学金の支給を受けた。
4 医師が患者の瞳孔を見る。
5 ソファーでしばらく仮睡をとる。
6 便箋に名前を書いて封筒に入れる。
7 煩雑な事務を処理する。
8 怒りのあまり鉄拳が飛んだ。
9 石仏は全国に遍在している。
10 大臣の椅子に憧れている。
11 消火活動中に殉職した。
12 研究所で唾液を調べる。
13 彼はいかにも剛直な人だ。
14 頃合いを見て料理を出す。
15 沿道には人垣ができていた。
16 祖母は長唄の師匠だ。
17 神棚に向かって恭しく拝礼する。
18 俺と彼は古くからの知り合いだ。

8 漢字の読み 8

出る順 ランクA

合格 15／18

得点

◆次の——線の読みをひらがなで書きなさい。

□ 1 表面に**凹凸**がある。

□ 2 道理を悟る心を**諦念**という。

□ 3 長々と**駄弁**の相手をさせられた。

□ 4 秘境の**湧泉**を発見した。

□ 5 パンフレットを無料で**頒布**する。

□ 6 心に**葛藤**が生じる。

□ 7 有名な俳優が**主宰**する劇団だ。

□ 8 正月には**親戚**が集まる。

□ 9 事件の**核心**に触れる。

□ 10 その事件は**怨恨**によるものだ。

□ 11 **献身**的な介護を続けている。

□ 12 **痩身**の女性が座っている。

□ 13 どこかに**盲点**があるはずだ。

□ 14 この建物の広さは**桁**が違う。

□ 15 卵の**殻**を破ってひながかえる。

□ 16 敵に対し報復の**牙**を研ぐ。

□ 17 要求がすべて**拒**まれた。

□ 18 道で**尻**もちをついた。

9 漢字の書き 1

出る順 ランク A

合格 12／15

得点

◆次の――線のカタカナを漢字に直しなさい。

□ 1 地場産業の振興を**ショウレイ**する。

□ 2 **ハイザイ**の不法投棄があとを絶たない。

□ 3 彼の工芸作品は**ザンシン**だ。

□ 4 祖父は陸軍の**タイイ**にまでなった人だ。

□ 5 自分の将来を**キグ**する。

□ 6 自由**ホンポウ**な生き方をした人だ。

□ 7 厳しい修行で人格を**トウヤ**する。

□ 8 音楽会の**ヨイン**を楽しむ。

□ 9 子どもの**ガング**は安全性が大切だ。

□ 10 会員名簿から氏名を**マッショウ**する。

□ 11 **カンペキ**な演技で観客を沸かす。

□ 12 現行制度の**テッパイ**を求める。

□ 13 **タイセキ**した土砂を取り除く。

□ 14 情勢をしっかりと**ハアク**した。

□ 15 **ユウカイ**事件が起きる。

10

漢字の書き 2

出る順 ランクA

合格 12／15

得点

◆次の――線のカタカナを漢字に直しなさい。

1 戦後のヤミイチで米を買った。

2 大きなタツマキに襲われた。

3 食事に使ったドンブリを洗う。

4 鳴門(なると)のウズシオを見に行く。

5 森でシカの親子を見かけた。

6 成功のアカツキには皆で祝おう。

7 兄は大きなカけに出た。

8 彼を恐怖のどん底にオトシイれる。

9 ガン細胞をネラい撃ちする。

10 湯をワかしてコーヒーを入れる。

11 他人の失敗をアザケる。

12 冗談を真に受けてアワを食った。

13 計画をいったんタナアげにする。

14 教えサトされて立ち直った。

15 正義を貫き、悪をコらす。

11 漢字の書き 3

出る順 ランクA

合格 12/15

得点

◆次の――線のカタカナを漢字に直しなさい。

□ 1 両国の関係に**キレツ**が生じた。
□ 2 死者を**ノウカン**する。
□ 3 **ホニュウ**類が繁栄を誇る。
□ 4 **カンセイ**な街なみだ。
□ 5 農作物がよく育つ**ドジョウ**だ。
□ 6 見事な**サイハイ**で味方を勝利に導く。
□ 7 港内を**センパク**が行き交う。
□ 8 祖父は波乱に富んだ**ショウガイ**を送った。
□ 9 食卓に二膳の**ハシ**を並べる。
□ 10 地震で道路が**カンボツ**した。
□ 11 親子で**マクラ**を並べて寝る。
□ 12 大国が**キョヒ**権を行使する。
□ 13 師の教えを肝に**メイ**ずる。
□ 14 国会で**アイマイ**な答弁を繰り返す。
□ 15 仕事に応じた**ホウシュウ**を受け取る。

12 漢字の書き 4

出る順 ランク A

合格 12/15

得点

◆次の――線のカタカナを漢字に直しなさい。

1 入口でウワグツに履き替える。

2 人の心をモテアソび傷つける。

3 イツワりの住所を教える。

4 知人がナシを自宅に送ってくれた。

5 ウヤウヤしくお辞儀をする。

6 風カオる季節がやってきた。

7 ニオい袋をハンドバッグに入れておく。

8 アユはナワ張り意識が強い魚だ。

9 軒下のハチの巣が大きくなる。

10 サワやかな青年に成長した。

11 彼は私のアトガマに座ることを狙っている。

12 ウルシ塗りの工芸品。

13 ミニクい争いが起きる。

14 ここからのナガめは素晴らしい。

15 白菜のシオヅけが好物だ。

13 漢字の書き 5

出る順 ランクA

合格 12／15

得点

◆次の——線のカタカナを漢字に直しなさい。

1 彼女はサイエンの誉れが高い。
2 京都のコサツを巡る。
3 父の葬儀でモシュを務める。
4 ドウクツで壁画が発見される。
5 問題のカクシンに迫る質問だった。
6 恩人のフホウに接し悲嘆に暮れた。
7 スター選手は破格のネンポウで契約した。
8 経済がハタンして久しい。
9 コクショの中でプレーする。
10 気力も体力もショウモウした。
11 ジンゾウの手術を受ける。
12 精巧なギシを作る。
13 商社のショウガイ部に配属された。
14 当時の生活はダセイに流されていた。
15 山間のケイコクにかかったつり橋を渡る。

1	2	3	4	5	6	7	8	9	10	11	12	13	14	15

14 漢字の書き 6

出る順 ランクA

合格 12／15

得点

◆次の――線のカタカナを漢字に直しなさい。

□ 1 ヤヨイ時代の遺跡を調査する。

□ 2 危険な作業はイノチガけで行われた。

□ 3 山のフモトの宿に泊まる。

□ 4 靴をぴかぴかにミガく。

□ 5 話題がワキにそれる。

□ 6 淡い期待はもろくもクダけ散った。

□ 7 ガケに転落防止用の柵が設置される。

□ 8 話を本筋にモドそう。

□ 9 鍋のフタをとって具材を入れる。

□ 10 小豆を煮てシルコを作る。

□ 11 トラは夜行性の動物だ。

□ 12 合宿に参加して体力をツチカう。

□ 13 草むらからヘビが飛び出してきた。

□ 14 友達からススめられた本を読む。

□ 15 草花のクキがまっすぐ伸びている。

15 漢字の書き 7

出る順 ランクA

合格 12／15

得点

◆次の——線のカタカナを漢字に直しなさい。

□ 1 選手がイッセイにスタートした。
□ 2 ドンヨクに勝利を目指す。
□ 3 古い時代へのキョウシュウを誘う映画だ。
□ 4 ヒユを用いた独特な表現が見られる。
□ 5 某国のオウヒは国賓として招かれた。
□ 6 大河の流域にヒヨクな土地が広がる。
□ 7 朝からモンピは閉じたままだ。
□ 8 その計画は絵に描いたモチだ。
□ 9 粗品をシンテイする。
□ 10 寒さで体のシンまで冷える。
□ 11 棚に自慢のボンサイを並べる。
□ 12 ゴロ合わせの言語遊戯が流行した。
□ 13 ミスを重ねてサセンされた。
□ 14 開催中止はダトウな判断だった。
□ 15 政治リンリにもとる行為だ。

16

漢字の書き 8

出る順 ランク A

合格 12／15

得点

◆次の――線のカタカナを漢字に直しなさい。

□ 1 一点入り、二対二のキンコウが破れた。

□ 2 良きハンリョを得る。

□ 3 ターボエンジンをトウサイした車だ。

□ 4 そのドラマはセンリツの結末を迎えた。

□ 5 著名な陶芸家の手によるカビンだ。

□ 6 友人のためにベンギを図る。

□ 7 農民たちが悪政にホウキした。

□ 8 赤ちゃんは抱かれて上キゲンだ。

□ 9 ミゾウの大災害が起きた。

□ 10 大臣が会見でイカンの意を表明した。

□ 11 牧場をサクで囲む。

□ 12 部屋にアクシュウが立ち込める。

□ 13 ズボンのスソ上げをする。

□ 14 この地域は警視庁のカンカツだ。

□ 15 息子を補習のためにジュクに通わせる。

17 部首 1

出る順 ランクA

合格 16／20

得点

◆次の漢字の部首を記しなさい。

〈例〉 菜〔艹〕 間〔門〕

1 咽
2 窃
3 罔
4 奔
5 畿
6 勾
7 丹
8 熊
9 錮
10 埼
11 升
12 醒
13 鶴
14 弔
15 竜
16 叙
17 辱
18 充
19 威
20 阜

18

部首 2

出る順 ランクA

合格 16／20

得点

◆次の漢字の部首を記しなさい。

〈例〉 菜 〔艹〕 間 〔門〕

1 阪
2 呉
3 街
4 准
5 弄
6 唾
7 麻
8 刃
9 髄
10 爵

11 蛍
12 翻
13 甚
14 履
15 丙
16 亭
17 凡
18 斉
19 淫
20 亜

19 熟語の構成 1

出る順 ランクA

合格 16／20

得点

熟語の構成のしかたには、次のようなものがある。

ア　同じような意味の漢字を重ねたもの　（岩石）
イ　反対または対応の意味を表す字を重ねたもの　（高低）
ウ　上の字が下の字を修飾しているもの　（洋画）
エ　下の字が上の字の目的語・補語になっているもの　（着席）
オ　上の字が下の字の意味を打ち消しているもの　（非常）

◆次の熟語は右のア～オのどれにあたるか記号で答えなさい。

1 慶弔
2 不慮
3 輪禍
4 悠久
5 叙景
6 懐古
7 疾患
8 徹夜
9 禍福
10 暴騰

11 併用
12 離礁
13 雅俗
14 扶助
15 直轄
16 未到
17 岐路
18 抑揚
19 殉職
20 陥没

20 熟語の構成 2

出る順 ランクA

合格 16/20

得点

熟語の構成のしかたには、次のようなものがある。

ア 同じような意味の漢字を重ねたもの （岩石）
イ 反対または対応の意味を表す字を重ねたもの （高低）
ウ 上の字が下の字を修飾しているもの （洋画）
エ 下の字が上の字の目的語・補語になっているもの （着席）
オ 上の字が下の字の意味を打ち消しているもの （非常）

◆次の熟語は右のア〜オのどれにあたるか記号で答えなさい。

□ 1 核心
□ 2 別荘
□ 3 検疫
□ 4 未聞
□ 5 親疎
□ 6 解剖
□ 7 巧拙
□ 8 打撲
□ 9 叙勲
□ 10 禍根
□ 11 無恥
□ 12 愛憎
□ 13 製靴
□ 14 旋回
□ 15 銃弾
□ 16 酷似
□ 17 多寡
□ 18 河畔
□ 19 逸脱
□ 20 争覇

21 四字熟語 1

出る順 ランクA

合格 12/15

得点

◆次の四字熟語のア～コの（　）に入る適切な語を下の□から選び、漢字二字で記しなさい。

□ア 盛者（　　）（　　）

□イ 志操（　　）（　　）

□ウ 支離（　　）（　　）

□エ 順風（　　）（　　）

□オ 情状（　　）（　　）

□カ（　　）孤独

□キ（　　）無量

□ク（　　）雨読

□ケ（　　）自在

□コ（　　）令色

かんがい　けんご　こうげん　しゃくりょう　せいこう　てんがい　ひっすい　へんげん　まんぱん　めつれつ

ア	イ	ウ	エ	オ	カ	キ	ク	ケ	コ

◆次の1～5の意味にあてはまるものを、前問のア～コの四字熟語から一つ選び、記号で答えなさい。

□1 俗事に煩わされずゆったりと暮らすこと。

□2 うわべを取り繕い、人にこびへつらうこと。

□3 身寄りがなくひとりぼっちであること。

□4 ばらばらで筋道が立っていないこと。

□5 この世は無常であるということ。

1	2	3	4	5

22 四字熟語 2

出る順 ランクA

合格 12／15

得点

◆次の四字熟語のア～コの（　）に入る適切な語を下の□から選び、漢字二字で記しなさい。

□ ア 四分（　）（　）
□ イ 一網（　）（　）
□ ウ 大願（　）（　）
□ エ 勢力（　）（　）
□ オ 一日（　）（　）
□ カ（　）断行
□ キ（　）無援
□ ク（　）転変
□ ケ（　）一新
□ コ（　）亡羊

うい　こりつ　ごれつ　じゅくりょ　じょうじゅ　せんしゅう　たき　だじん　はくちゅう　めんもく

ア	イ	ウ	エ	オ	カ	キ	ク	ケ	コ

◆次の1～5の意味にあてはまるものを、前問のア～コの四字熟語から一つ選び、記号で答えなさい。

□ 1 十分に考え、思い切って事にあたること。
□ 2 物事がうつろいやまぬこと。
□ 3 ばらばらになること。
□ 4 外見や中身がすっかり改まること。
□ 5 互いに優劣の差がないこと。

1	2	3	4	5

23 四字熟語 3

出る順 ランクA

合格 12／15

得点

◆次の四字熟語のア〜コの（　）に入る適切な語を下の□から選び、漢字二字で記しなさい。

□ア 昼夜（　　）
□イ 質実（　　）
□ウ 竜頭（　　）
□エ 月下（　　）
□オ 二者（　　）
□カ（　　）飛語
□キ（　　）満面
□ク（　　）奮闘
□ケ（　　）存亡
□コ（　　）休題

かんわ　ききゅう　きしょく　けんこう　ごうけん　こぐん　たくいつ　だび　ひょうじん　りゅうげん

ア	イ	ウ	エ	オ	カ	キ	ク	ケ	コ

◆次の1〜5の意味にあてはまるものを、前問のア〜コの四字熟語から一つ選び、記号で答えなさい。

□1 うれしさが顔中にあふれていること。
□2 初めはさかんで終わりは振るわないこと。
□3 休みなく物事をすること。
□4 それはさておき。
□5 根拠のないうわさ。

1	2	3	4	5

24

四字熟語 4

出る順 ランクA

合格 12/15

得点

◆次の四字熟語のア～コの（　）に入る適切な語を下の□から選び、漢字二字で記しなさい。

□ア 金城（　　）
□イ 千載（　　）
□ウ 気炎（　　）
□エ 南船（　　）
□オ 率先（　　）
□カ（　　）無人
□キ（　　）外患
□ク（　　）自適
□ケ（　　）実直
□コ（　　）曲直

いちぐう　きんげん　すいはん　ぜひ　てっぺき　ないゆう　ばんじょう　ぼうじゃく　ほくば　ゆうゆう

ア	イ	ウ	エ	オ	カ	キ	ク	ケ	コ

◆次の1～5の意味にあてはまるものを、前問のア～コの四字熟語から一つ選び、記号で答えなさい。

□1 あちらこちらを忙しく駆け回ること。
□2 ものごとの正しいことと正しくないこと。
□3 あたりをはばからない振る舞い。
□4 非常に堅固で付け入るすきがないこと。
□5 まじめで浮ついたところのないこと。

1	2	3	4	5

25 四字熟語 5

出る順 ランクA

合格 12/15

得点

◆次の四字熟語のア～コの（　）に入る適切な語を下の□から選び、漢字二字で記しなさい。

□ア 一所（　　）
□イ 勇猛（　　）
□ウ 鼓舞（　　）
□エ 森羅（　　）
□オ 天下（　　）
□カ（　　）転倒
□キ（　　）棒大
□ク（　　）不落
□ケ（　　）一菜
□コ（　　）一徹

いちじゅう　かかん　がんこ　げきれい　けんめい　ごめん　しゅかく　しんしょう　なんこう　ばんしょう

ア	イ	ウ	エ	オ	カ	キ	ク	ケ	コ

◆次の1～5の意味にあてはまるものを、前問のア～コの四字熟語から一つ選び、記号で答えなさい。

□1 簡単に屈伏させられないこと。
□2 質素な食事のこと。
□3 物事の順序・立場などが逆になること。
□4 世間に公然と許されていること。
□5 自分の考え方や態度を強情に押し通すこと。

1	2	3	4	5

26 対義語・類義語 1

出る順 ランクA

合格 16／20

得点

◆左の□の中の語を必ず一度使って漢字に直し、対義語・類義語を記しなさい。

対義語

1 釈放
2 決裂
3 召還
4 受諾
5 強硬
6 不足
7 慶賀
8 末端
9 売却
10 分割

類義語

11 豊富
12 解雇
13 全治
14 推移
15 醜聞
16 難点
17 譲歩
18 面倒
19 是認
20 永眠

あいとう・いっかつ・おめい・かいゆ・かじょう・きょひ・けっかん・こうそく・こうてい・こうにゅう・じゅんたく・せいきょ・だきょう・だけつ・ちゅうすう・なんじゃく・はけん・ひめん・へんせん・やっかい

27 対義語・類義語 2

出る順 ランクA

合格 16／20

得点

◆左の□の中の語を必ず一度使って漢字に直し、対義語・類義語を記しなさい。

対義語

1 粗略
2 進出
3 獲得
4 過激
5 削除
6 愛護
7 希薄
8 富裕
9 侵害
10 凝固

類義語

11 平穏
12 寄与
13 削除
14 強情
15 受胎
16 降格
17 興廃
18 混乱
19 省略
20 干渉

・あんたい
・がんこ
・せいすい
・てんか
・ふんきゅう
・おんけん
・ぎゃくたい
・そうしつ
・にんしん
・まっしょう
・かいにゅう
・こうけん
・ていねい
・のうこう
・ゆうかい
・かつあい
・させん
・てったい
・ひんきゅう
・ようご

28 同音・同訓異字 1

出る順 ランク A

合格 13／16

得点

◆次の——線のカタカナを漢字に直しなさい。

1 再会を喜んで**ホウヨウ**を交わす。

2 上司は**ホウヨウ**力のある人だ。

3 景気の**フヨウ**策が功を奏した。

4 家族を三人**フヨウ**している。

5 首相**カンテイ**で会議が持たれた。

6 軍港に**カンテイ**が集結した。

7 社員を海外へ**ハケン**する。

8 リーグ戦の**ハケン**を争う。

9 人に責任を**テンカ**してはいけない。

10 外箱に食品**テンカ**物の表示がある。

11 汚れた瓶を**センジョウ**する。

12 山すその**センジョウ**地にできた町だ。

13 模型飛行機作りに**コ**っている。

14 失敗に**コ**りずにやり直す。

15 承知の**ムネ**、お伝えください。

16 酒を調えて**ムネ**上げを祝う。

29 同音・同訓異字 2

出る順 ランクA

合格 13／16

得点

◆次の――線のカタカナを漢字に直しなさい。

1 激しい意見のオウシュウがあった。
2 証拠物として凶器をオウシュウする。

3 侵略のキョウイを感じる。
4 キョウイ的な精神力を発揮した。

5 部下の失策にカンヨウな態度を取る。
6 何事にも忍耐がカンヨウである。

7 臨時国会がショウシュウされた。
8 木炭にはショウシュウ効果がある。

9 玄関にスイソウを置いて金魚を飼う。
10 体育祭で行進曲をスイソウする。

11 統合により大企業のサンカに入る。
12 戦争のサンカに見舞われる。

13 台風で屋根がイタんだ。
14 友の突然の死をイタんだ。

15 固いカラに覆われた種子だ。
16 カラ草模様のふろしきを買った。

30 同音・同訓異字 3

出る順 ランクA

合格 13／16

得点

◆次の——線のカタカナを漢字に直しなさい。

1 犯行現場から**シモン**を採取する。
2 専門家からなる**シモン**機関にかける。

3 子どもの**ユウカイ**を未然に防ぐ。
4 氷は零度で**ユウカイ**して水になる。

5 湿度が低くて**センタク**物がよく乾く。
6 どちらかにするか**センタク**が難しい。

7 勢力の**キンコウ**が保たれている。
8 都市の**キンコウ**に大型店ができた。

9 日夜、国事に**ホンソウ**する。
10 死去した知人の**ホンソウ**に参列した。

11 労使間の**コウショウ**がまとまった。
12 **コウショウ**な趣味を持った人だ。

13 部屋の**スミ**に観葉植物を置く。
14 **スミ**をすって書の練習をする。

15 **ツツシ**んでお礼申し上げます。
16 野次は**ツツシ**んでください。

31 誤字訂正 1

出る順 ランクA

合格 16／20

得点

◆次の各文にまちがって使われている同じ読みの漢字が一字あります。上に誤字を、下に正しい漢字を記しなさい。

	問題	誤	正
1	地震に伴う火災から世界遺産の寺院や周辺地域を守るため、耐震型の巨大な防火水倉が造られた。		
2	鯨の生態を記録したテレビ番組は、暫新な撮影技術を駆使した臨場感あふれる鮮明な映像で興味深い。		
3	線路に進入した牛に列車が衝突脱線する事故が発生し、鉄道会社が飼い主に損害媒償を請求した。		
4	空気が澄明な高原にあり、著名な小説の舞台になった建物の保存計画は頓座した。		
5	軍事利用や資源採掘を禁じた南極で、各国の観測隊は純粋な科学調査に撤して任務を遂行する。		
6	税関の役割の一つは水際で薬物や銃器の密輸を取り閉まることで、担当係官は常に緊張状態にある。		
7	航空機の頻般な運航による騒音で苦痛を被った空港周辺の住民が夜間飛行禁止を裁判で勝ち取った。		
8	地震で避難生活を余儀なくされた被災者たちは任耐力と強固な意志で難局を乗り切ろうとした。		
9	経済成長の裏側で発生した大気汚染や自然と生活環境の破壊は、人間の拷慢さの象徴だ。		
10	湖沼の大規模且つ近代的な開発は、伝統的な漁業や水産加工物などの地場産業を冷落させる。		

32

誤字訂正 2

出る順 ランクA

合格 16/20

得点

◆次の各文にまちがって使われている同じ読みの漢字が一字あります。上に誤字を、下に正しい漢字を記しなさい。

		誤	正
1	思い描いていた理想と現実との間で喝藤することは、思春期に誰もが通る道である。		
2	岬付近の岩場で座床して遭難した釣船からの連絡で現場に急行した巡視艇が全員を無事救出した。		
3	遠隔地の父母の介護に悩む人を支縁するために情報を提供し、解決案を一緒に考える会がある。		
4	昆虫は生存や繁嘱に向かない時期に代謝を抑制し、一時的に成長を止める仕組みを持っている。		
5	疾走する馬の上で曲乗りを被露する行事で、騎手の妙技に見物客から拍手と歓声が沸きおこった。		
6	アジアの海域に今も出没する海族船を取り締まるため、政府は当該国への巡視船の供与を決めた。		
7	近隣の町内会が共催する恒例の運動会で、今年は来賓の接待と車の優導を担当することになった。		
8	幾多の傑作を生み出した日本画家の還暦を祝って、多彩な画業の軌績をたどる展覧会が催された。		
9	米国の造幣局は、金属価格上昇の影響で硬貨の製造原価が額面を上回る見通しを明らかにした。		
10	愛頑動物と快適に暮らせる設備やサービスを充実させた賃貸住宅が登場し、愛好家の話題になる。		

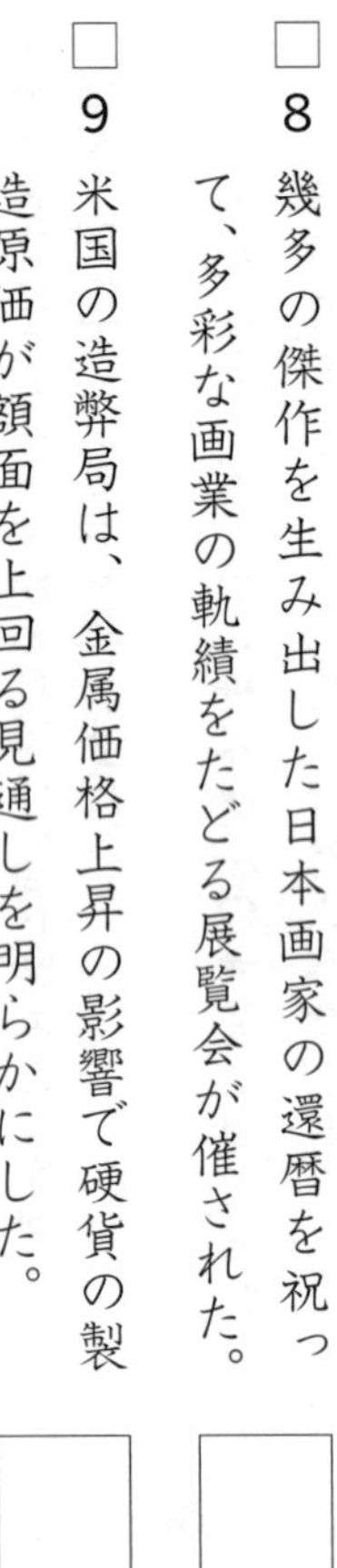

33 誤字訂正 3

出る順 ランクA

合格 16／20

得点

◆次の各文にまちがって使われている同じ読みの漢字が一字あります。上に誤字を、下に正しい漢字を記しなさい。

		誤	正
□ 1	幼児は好奇心が欧盛な時期であり、周囲の物を誤飲する可能性があるため常時注意が必要である。		
□ 2	動脈硬化や糖尿病などの生活習慣病は、それ自体も怖い病気だが、予病の危険性も大きい。		
□ 3	園芸が趣味で、花段に植えた珍しい品種のバラを肥料や病害虫の防除などに気を配り育てている。		
□ 4	育児を助ける活動として、情報の収集、発信、学習会への講師派遣、イベントの開採を行っている。		
□ 5	食品安全委員会は、食肉用として輸入する牛の全頭検査方式を見直し、基準を款和する方針だ。		
□ 6	大みそかに諸方の寺で打ち鳴らす除夜の鐘は、人々を苦しめる百八の凡悩を除去すると言われる。		
□ 7	休耕田で田植えから収穫までの稲の生育状境を観察しつつ米作りを体験する企画に応募した。		
□ 8	紅葉の散り敷く静寂な庭に建てられた風雅な茶室で、亭主の趣向を懲らしたもてなしを受けた。		
□ 9	腰痛患者の中には痛みによるストレスで更に痛みが増す悪巡環に陥り、治療が困難になる例がある。		
□ 10	慢性的赤字への危愚から廃止になる路面電車の最終運行日に、大勢の人が沿線で別れを惜しんだ。		

34 漢字と送りがな 1

出る順 ランクA

合格 12/15

得点

◆次の――線のカタカナを漢字一字と送りがな(ひらがな)に直しなさい。

〈例〉 門をアケル。 開ける

1 平和がオビヤカサれかねない。
2 騒音が安眠をサマタゲル。
3 部屋にコモッテ仕事をする。
4 衣裳のホコロビを直す。
5 障子の穴をフサグ。
6 疑念をヌグイ去る。
7 祖母にアテテ手紙を出す。
8 自分の不幸をノロウ。
9 誤審をした審判をノノシル。
10 当初より予算がフクランだ。
11 過去の過ちをツグナイたい。
12 両者間のヘダタリは埋め難い。
13 ハナハダシク不利な条件をのんだ。
14 急激な経済発展をトゲル。
15 ワズラワシイ手続きを終えた。

35

漢字と送りがな 2

出る順 ランク A

合格 12/15

得点

◆次の——線のカタカナを漢字一字と送りがな(ひらがな)に直しなさい。

〈例〉 門をアケル。 開ける

1 優勝することをアキラメル。

2 強欲に利益をムサボル。

3 オボレル者はわらをもつかむ。

4 いたずらをしてシカラレた。

5 他人の成功をウラヤム。

6 打撲してハレテしまった。

7 自分の無力がウラメシイ。

8 難関大学の合格をネラウ。

9 危険を感じてさっと身をヒルガエス。

10 モッパラ練習に励む毎日だ。

11 道はユルヤカナ上りになっている。

12 いつも体裁をツクロウ人だ。

13 イツクシミの心が深い人だ。

14 魚の焦げた匂いで台所がクサカッた。

15 釣り糸がさおにカラマル。

36 漢字の読み 9

出る順 ランクB

合格 15/18

得点

◆次の――線の読みをひらがなで書きなさい。

□ 1 輸入野菜であることは一目**瞭然**だ。
□ 2 賊軍を征伐するよう**勅命**が下った。
□ 3 **瑠璃**色の顔料でシルクロードを描く。
□ 4 **予鈴**を聞いて聴衆は着席した。
□ 5 情勢の変化を**逐次**報告する。
□ 6 悪事を働き**奈落**の底に落ちる。
□ 7 時間をかけて酒を**醸成**する。
□ 8 古い**紡織**の機械を展示している。
□ 9 森で**昆虫**採集をする。
□ 10 心地よい**旋律**の曲が流れる。
□ 11 試験に**頻出**する単語だ。
□ 12 タイヤの溝が**摩耗**してきた。
□ 13 彼らは実に**愉快**な連中だ。
□ 14 長く**患**っていたがようやく完治した。
□ 15 恩師の前で粛然として**襟**を正す。
□ 16 隣町を**併**せて市政を敷いた。
□ 17 妹は不満げに**唇**をとがらせた。
□ 18 **廃**れていた伝統行事が復活した。

37 漢字の読み 10

出る順 ランクB

合格 15／18

得点

◆次の――線の読みをひらがなで書きなさい。

- □ 1 事態が差し迫っても**悠揚**としている。
- □ 2 **王侯**貴族が一堂に会する。
- □ 3 **汎用**性の高い商品を開発する。
- □ 4 両陣営の勢力は**伯仲**している。
- □ 5 **岩礁**の付近はよい漁場だ。
- □ 6 経過を**丁寧**に説明した。
- □ 7 老いると**涙腺**がゆるむ。
- □ 8 明け方の空に**下弦**の月が浮かんでいる。
- □ 9 企業の**不祥事**が続発している。
- □ 10 現場を**督励**して期日前に完成させた。
- □ 11 開発途上国との**借款**協定が結ばれた。
- □ 12 子どもが**誘拐**された。
- □ 13 彼女は**唯一**無二の親友だ。
- □ 14 遠足でおにぎりを**頬張**る。
- □ 15 小刀の**刃先**が欠けた。
- □ 16 大胆にも敵の**懐**に入り込んだ。
- □ 17 専用の洗剤で**茶渋**を落とす。
- □ 18 電車のドアにかばんが**挟**まった。

38 漢字の読み 11

出る順 ランクB

合格 15／18

得点

◆次の――線の読みをひらがなで書きなさい。

1 廃仏**毀釈**は政府の政策で起きた。

2 公衆の面前で**醜態**をさらした。

3 壁面のタイルが**剥落**する。

4 二人は**碁盤**を挟んで対座した。

5 **煎茶**をおいしく入れる。

6 ご批評いただければ**幸甚**です。

7 不祥事を起こして**罷免**された。

8 **繊細**な技法を用いた工芸品だ。

9 師の**薫陶**のたまものだ。

10 両人は**犬猿**の仲とうわさされる。

11 戸籍**抄本**を添えて提出する。

12 隠しごとが**露顕**して慌てる。

13 世界には**飢餓**に苦しむ人がたくさんいる。

14 契約書の**但**し書きをよく読む。

15 山に**杉**の苗木を植える。

16 **窯元**でしゃれた湯のみ茶わんを買った。

17 **愁**いを帯びた横顔が印象的だ。

18 友と酒を**酌**み交わして歓談した。

39 漢字の読み 12

出る順 ランクB

合格 15／18

得点

◆次の——線の読みをひらがなで書きなさい。

□ 1 ピアノの**黒鍵**のみで弾く曲は珍しい。
□ 2 **化粧**室の場所を尋ねられた。
□ 3 忙中の**間隙**を縫って作品を仕上げる。
□ 4 町内会長の**補佐**を頼まれた。
□ 5 **拷問**は憲法で禁じられている。
□ 6 殉教者の**崇高**な精神をたたえる。
□ 7 大統領が**弾劾**を受けて辞任した。
□ 8 本尊は**乾漆**造りの観音様だ。
□ 9 東西の名作を**網羅**した文学全集だ。
□ 10 川が氾濫して**洪水**となる。
□ 11 人工**透析**の治療に通う。
□ 12 会場には**荘重**な調べが流れてきた。
□ 13 先生の話に**謙虚**に耳を傾ける。
□ 14 辞書を引くときは**凡例**をよく読む。
□ 15 **喉**が大いに渇いた。
□ 16 楽しく**且**つ有意義な会合だった。
□ 17 **鈴**の音が心地いい。
□ 18 よそ者を**疎**んじる風潮をあらためる。

40 漢字の読み 13

出る順 ランクB

合格 15／18

得点

◆次の——線の読みをひらがなで書きなさい。

□ 1 儒学は中国古来の思想体系である。
□ 2 妖怪を主人公にした物語を書く。
□ 3 四年間寮生活を楽しんだ。
□ 4 戦乱後は刹那主義に陥った。
□ 5 心の琴線に触れる美談だ。
□ 6 貴婦人へと変貌を遂げた。
□ 7 落ち着いた雰囲気の店だ。
□ 8 親の代から製靴工場を営んでいる。
□ 9 応募作品には巧拙の差がほとんどない。
□ 10 不要不急の渡航に自粛を促している。
□ 11 新政府に恭順の意を表明した。
□ 12 偽証を教唆した疑いがある。
□ 13 硝酸は劇薬である。
□ 14 植木の枝を矯めて形を整える。
□ 15 誰彼となくうわさ話を言いふらす。
□ 16 昔から懇ろに付き合っている友だ。
□ 17 繭から生糸をとる。
□ 18 その女優は妖艶にほほえんだ。

41 漢字の読み 14

出る順 ランクB

合格 15／18

得点

◆次の――線の読みをひらがなで書きなさい。

□ 1 先輩に**媒酌**の労を取っていただいた。
□ 2 王の**戴冠**式に列席する。
□ 3 巧みに**懐柔**して味方につける。
□ 4 **股下**までの水深なら安全だ。
□ 5 妻は**妊娠**中です。
□ 6 **庶民**的な人柄で人気を博した。
□ 7 暴徒の**凶刃**に倒れた。
□ 8 **睡魔**に襲われて仕事がはかどらない。
□ 9 動物が相手を**威嚇**する姿勢をとる。
□ 10 事故の責任を**糾明**する。
□ 11 動物の**嗅覚**は鋭い。
□ 12 自らの生き方を**肯定**する。
□ 13 試験の前日は**徹夜**で勉強した。
□ 14 悪徳な男に**罵**られた。
□ 15 **酢**の物を小さな器に入れる。
□ 16 あまりにも**泥臭**いやり方だ。
□ 17 心中あれこれと思い**煩**う。
□ 18 人口が都市に**偏**っている。

42 漢字の書き 9

出る順 ランク B

合格 12／15

得点

◆次の——線のカタカナを漢字に直しなさい。

1 犯人がつかまり、ソウサ本部は解散した。

2 提出された書類をヘンレイする。

3 今年度のトウルイ王に輝く。

4 学校でリンリの授業をうける。

5 リョウ母さんの料理はおいしい。

6 キョウリュウの化石を発掘する。

7 食べすぎてゲリをする。

8 喉のエンショウからくる発熱だ。

9 リュウサンを水と混ぜると熱が発生する。

10 戦後の数か月をホリョ収容所で過ごした。

11 わが家はラクノウを営んでいる。

12 ラシン盤を頼りに航海する。

13 チュウヨウの道を進む。

14 ユウシを受けて新事業を始める。

15 うわさのシンギの程は定かではない。

43 漢字の書き 10

出る順 ランクB

合格 12／15

得点

◆次の――線のカタカナを漢字に直しなさい。

1 予算のワク内でやりくりする。
2 自前の資金で何とかマカナう。
3 どこからかスズの音が聞こえる。
4 ヤナギの下を散歩する。
5 急いで靴をハいた。
6 ヒザの痛みが治まる。
7 台風は室戸ミサキに上陸しそうだ。
8 堪忍袋のオが切れた。
9 彼女は他人をアゴで使う。
10 和やかな雰囲気がカモし出された。
11 山からスズしい風が吹き下ろす。
12 雨の日のためにナガグツを買う。
13 大きなアサブクロをかついでいる。
14 城のおホリを埋める。
15 蚕のまゆから絹糸をツムぐ。

44 漢字の書き 11

出る順 ランク B

合格 12／15

得点

◆次の——線のカタカナを漢字に直しなさい。

□ 1 事実を**ゲンシュク**に受け止める。

□ 2 **コウリョウ**とした景色が広がる。

□ 3 三日間の**ユウヨ**を与えられる。

□ 4 マルクスの**ユイブツ**史観に学ぶ。

□ 5 父は高校で**キョウユ**をしている。

□ 6 先日の旅行は実に**ユカイ**だった。

□ 7 **ヤッカイ**なことに巻き込まれた。

□ 8 年間入場者数を**ルイケイ**する。

□ 9 これは神経を**ショウモウ**する仕事だ。

□ 10 **モウモク**のランナーが走り抜ける。

□ 11 夕食の**コンダテ**を考える。

□ 12 これがこの地方の**メイカ**です。

□ 13 二国間の貿易**マサツ**が再燃する。

□ 14 その一行を**マッショウ**して下さい。

□ 15 野球で**ダボク**傷を負った。

45 漢字の書き 12

出る順 ランクB

合格 12／15

得点

◆次の――線のカタカナを漢字に直しなさい。

□ 1 教授からおホめの言葉をいただいた。
□ 2 三脚をスえて写真を撮った。
□ 3 あの人はカタヨった考えの持ち主だ。
□ 4 二つをアワせて記入して下さい。
□ 5 お風呂がワく。
□ 6 私のことをアナドるな。
□ 7 空き地に野良ネコが集まっている。
□ 8 寒いのでトビラを閉めて下さい。
□ 9 ワズラわしい手続きが多く面倒だ。
□ 10 金魚がモをつついている。
□ 11 精鋭をえりすぐって難敵にイドんだ。
□ 12 畑仕事をして喉がカワいた。
□ 13 奥歯に物のハサまったような言い方だ。
□ 14 彼女は滅多にスハダを見せない。
□ 15 この制度は今やスタれてしまっている。

46 漢字の書き 13

出る順 ランクB

合格 12/15

得点

◆次の――線のカタカナを漢字に直しなさい。

1 ユウゼンと構えて慌てることもない。
2 この村にはジュンボクな人が多い。
3 両者の実力はハクチュウしている。
4 理科の実験でカエルのカイボウをした。
5 四国でおヘンロさんにあった。
6 競技施設をカクジュウする。
7 今年からネンポウでの契約となった。
8 ハッポウスチロールの容器に入れる。
9 十年に一人のイツザイだといわれている。
10 彼ら二人はケンエンの仲だ。
11 会社の後継者問題でフンキュウする。
12 二年ぶりの優勝で王座をダッカンした。
13 昨年度からのケンアン事項が解決した。
14 ザッキンの混入を防ぐ装置を取り付ける。
15 ヨジョウ人員の削減について話し合った。

47

漢字の書き 14

出る順 ランクB

合格 12/15

得点

◆次の――線のカタカナを漢字に直しなさい。

1 毎日耐えシノんできたが限界だ。
2 アマデラで修行する。
3 カの鳴くような声で言い訳をする。
4 ヤワらかなボールで遊ばせる。
5 ウもれている宝物を見つけ出す。
6 シブい色の服装が似合う。
7 髪に赤いかんざしをサす。
8 ムネアげ式を盛大に行う。
9 社会の諸悪にイキドオる。
10 タケヅツに花を生ける。
11 国や民族のカキネを取り払う。
12 大きなヘビを捕獲した。
13 地震によるツナミの心配はない。
14 知ったかぶりをしてキラわれる。
15 曇りの日にもヒガサをさして出かける。

48 部首 3

出る順 ランク B

合格 16／20

得点

◆次の漢字の部首を記しなさい。

〈例〉菜 艹　間 門

1 虞

2 唇

3 尿

4 勅

5 斥

6 褒

7 彰

8 畝

9 幣

10 赴

11 泰

12 痴

13 更

14 臭

15 摩

16 執

17 互

18 朕

19 栽

20 享

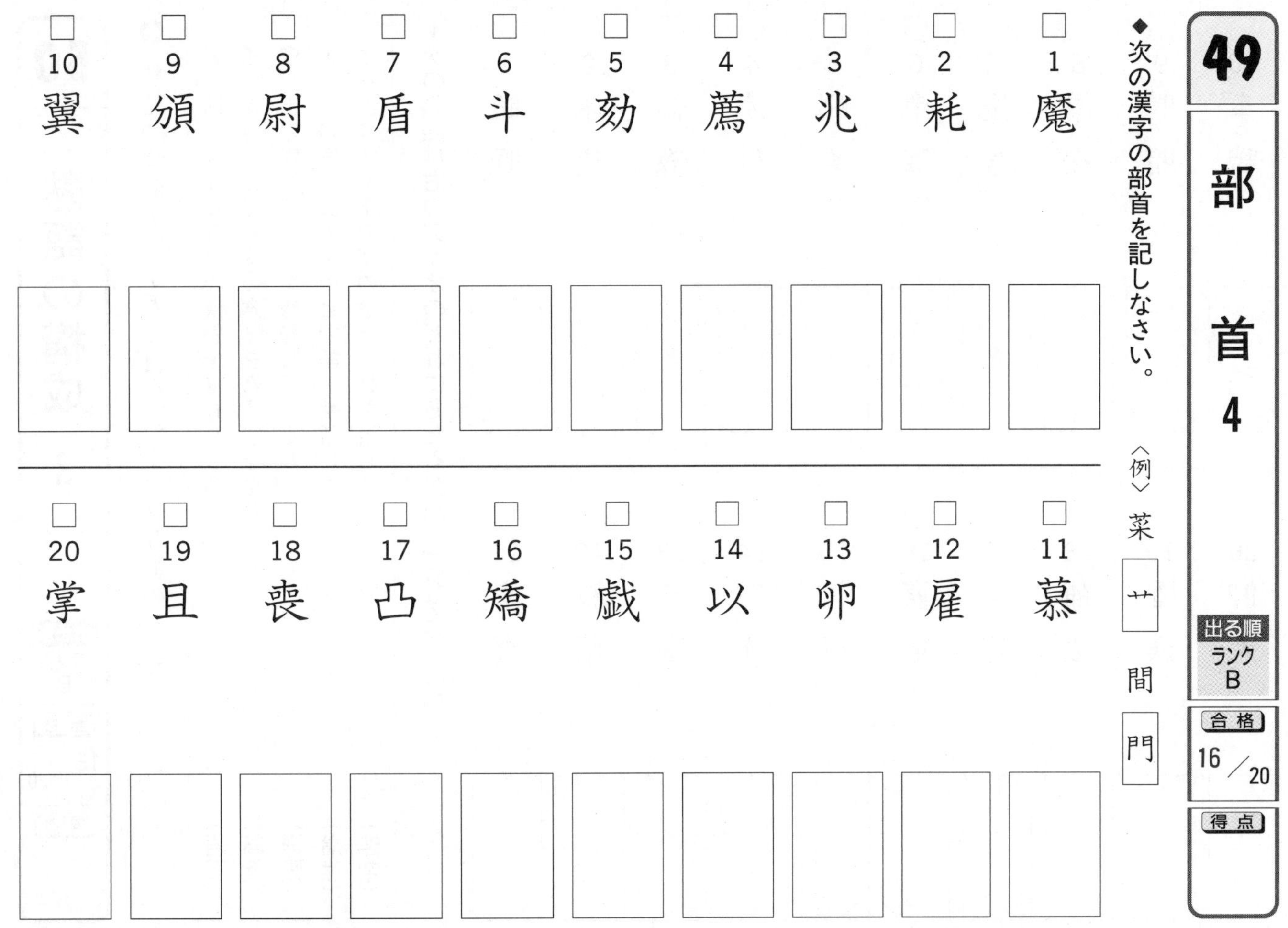

49 部首 4

出る順 ランクB

合格 16／20

得点

◆次の漢字の部首を記しなさい。

〈例〉菜［艹］　間［門］

1 魔　2 耗　3 兆　4 薦　5 劾　6 斗　7 盾　8 尉　9 頒　10 翼

11 慕　12 雇　13 卵　14 以　15 戯　16 矯　17 凸　18 喪　19 且　20 掌

50

熟語の構成 3

出る順 ランクB

合格 16/20

得点

熟語の構成のしかたには、次のようなものがある。

ア　同じような意味の漢字を重ねたもの　（岩石）
イ　反対または対応の意味を表す字を重ねたもの　（高低）
ウ　上の字が下の字を修飾しているもの　（洋画）
エ　下の字が上の字の目的語・補語になっているもの　（着席）
オ　上の字が下の字の意味を打ち消しているもの　（非常）

◆次の熟語は右のア〜オのどれにあたるか記号で答えなさい。

1 睡眠
2 未遂
3 儒教
4 渉猟
5 剛柔
6 衆寡
7 俊秀
8 偏在
9 贈賄
10 奉職
11 来賓
12 殺菌
13 疎密
14 不粋
15 模擬
16 窮地
17 点滅
18 補佐
19 雪渓
20 仰天

51 熟語の構成 4

出る順 ランクB

合格 16／20

得点

➡ 熟語の構成のしかたには、次のようなものがある。

ア　同じような意味の漢字を重ねたもの　（岩石）
イ　反対または対応の意味を表す字を重ねたもの　（高低）
ウ　上の字が下の字を修飾しているもの　（洋画）
エ　下の字が上の字の目的語・補語になっているもの　（着席）
オ　上の字が下の字の意味を打ち消しているもの　（非常）

◆次の熟語は右のア〜オのどれにあたるか記号で答えなさい。

1 繁閑
2 抜群
3 無為
4 虜囚
5 懇談
6 任免
7 把握
8 独吟
9 施肥
10 旅愁
11 空欄
12 還元
13 擬似
14 去就
15 忍苦
16 累積
17 学閥
18 虚実
19 不浄
20 墜落

52 四字熟語 6

出る順 ランクB

合格 12/15

得点

◆次の四字熟語のア〜コの（　）に入る適切な語を下の［　］から選び、漢字二字で記しなさい。

□ア 極楽（　　）
□イ 精進（　　）
□ウ 意気（　　）
□エ 自由（　　）
□オ 内疎（　　）
□カ（　　）堂堂
□キ（　　）桟敷
□ク（　　）扇動
□ケ（　　）一体
□コ（　　）分別

いふう　がいしん　きょうさ　けっさい　さんみ　しょうてん　じょうど　しりょ　てんじょう　ほんぽう

ア	イ	ウ	エ	オ	カ	キ	ク	ケ	コ

◆次の1〜5の意味にあてはまるものを、前問のア〜コの四字熟語から一つ選び、記号で答えなさい。

□1 心のままに振る舞うこと。
□2 仲良くしているようで心底では遠ざけていること。
□3 そそのかし、あおること。
□4 劇場で後方最上階に設けた値段の安い席。
□5 深く考えをめぐらし、判断すること。

1	2	3	4	5

53 四字熟語 7

出る順 ランクB

合格 12／15

得点

◆次の四字熟語のア～コの（　）に入る適切な語を下の□から選び、漢字二字で記しなさい。

□ア 二律（　　）（　　）
□イ 時期（　　）（　　）
□ウ 片言（　　）（　　）
□エ 国士（　　）（　　）
□オ 快刀（　　）（　　）
□カ（　　）同舟
□キ（　　）妄動
□ク（　　）一刻
□ケ（　　）西走
□コ（　　）妥当

けいきょ　ごえつ　しゅんしょう　しょうそう　せきご　とうほん　はいはん　ふへん　むそう　らんま

ア	イ	ウ	エ	オ	カ	キ	ク	ケ	コ

◆次の1～5の意味にあてはまるものを、前問のア～コの四字熟語から一つ選び、記号で答えなさい。

□1 ことをおこすにははやすぎること。
□2 いそがしいこと。
□3 すぐれた人物。
□4 もつれたことを鮮やかに解決すること。
□5 どんな場合でも真理として承認されること。

1	2	3	4	5

54

四字熟語 8

出る順 ランクB

合格 12／15

得点

◆次の四字熟語のア〜コの（　）に入る適切な語を下の［　］から選び、漢字二字で記しなさい。

□ア 粒粒（　　）
□イ 巧遅（　　）
□ウ 意気（　　）
□エ 試行（　　）
□オ 暖衣（　　）
□カ（　　）無事
□キ（　　）皆伝
□ク（　　）丁寧
□ケ（　　）自重
□コ（　　）強記

いんにん　こんせつ　さくご　しんく　せっそく　そそう　はくらん　へいおん　ほうしょく　めんきょ

ア	イ	ウ	エ	オ	カ	キ	ク	ケ	コ

◆次の1〜5の意味にあてはまるものを、前問のア〜コの四字熟語から一つ選び、記号で答えなさい。

□1 じっと我慢して、軽々しい言動をとらないこと。
□2 何の不足もないぜいたくな生活。
□3 広く書物に親しみ、何でもよく知っていること。
□4 こつこつと労をかさねること。
□5 心が弱り、勢いをなくすこと。

1	2	3	4	5

55 四字熟語 9

出る順 ランクB

合格 12／15

得点

◆次の四字熟語のア〜コの（　）に入る適切な語を下の□から選び、漢字二字で記しなさい。

□ア 進取（　　）
□イ 疾風（　　）
□ウ 高論（　　）
□エ 心頭（　　）
□オ 気宇（　　）
□カ（　　）自縛
□キ（　　）独尊
□ク（　　）徒食
□ケ（　　）自若
□コ（　　）肉林

かかん　じじょう　しゅち　じんらい　そうだい　たいぜん　たくせつ　むい　めっきゃく　ゆいが

ア	イ	ウ	エ	オ	カ	キ	ク	ケ	コ

◆次の1〜5の意味にあてはまるものを、前問のア〜コの四字熟語から一つ選び、記号で答えなさい。

□1 心構えや発想が大きいこと。
□2 ほかより抜きん出て優れた意見。
□3 落ち着き払って動じないさま。
□4 物事に積極的に取り組み、決断力に富むこと。
□5 何もせずにぶらぶらと日を過ごすこと。

1	2	3	4	5

56 対義語・類義語 3

出る順 ランクB

合格 16/20

得点

◆左の□の中の語を必ず一度使って漢字に直し、対義語・類義語を記しなさい。

対義語

1 高遠
2 発病
3 老巧
4 潤沢
5 絶賛
6 極端
7 名誉
8 賢明
9 特殊
10 威圧

類義語

11 必死
12 親友
13 反逆
14 心配
15 我慢
16 酌量
17 互角
18 監禁
19 承知
20 懲戒

・あんぐ
・こうりょ
・しょばつ
・ちゆ
・ひきん
・かいじゅう
・こかつ
・ちき
・ちゅうよう
・ふへん
・けねん
・こくひょう
・ちじょく
・にんたい
・むほん
・けんめい
・じゅだく
・ちせつ
・はくちゅう
・ゆうへい

57 対義語・類義語 4

出る順 ランクB

合格 16/20

得点

◆左の□の中の語を必ず一度使って漢字に直し、対義語・類義語を記しなさい。

対義語

1 炎暑
2 新奇
3 高慢
4 狭量
5 定住
6 新鋭
7 個別
8 純白
9 解放
10 率先

類義語

11 困苦
12 禍福
13 調和
14 屋敷
15 奮戦
16 不意
17 冷静
18 根絶
19 頑迷
20 架空

・いっせい　・かんとう　・かんよう　・きっきょう
・きょこう　・きんこう　・けんきょ　・ごごう
・こっかん　・しっこく　・しんさん　・そくばく
・ちんちゃく　・ちんぷ　・ついずい　・ていたく
・とつじょ　・へんくつ　・ぼくめつ　・るろう

58 同音・同訓異字 4

出る順 ランクB

合格 13/16

得点

◆次の――線のカタカナを漢字に直しなさい。

1 **ホンポウ**に諸手当がつく。
2 自由**ホンポウ**に振る舞う。

3 若き日への**キョウシュウ**に浸る。
4 敵の陣地を**キョウシュウ**した。

5 不要な文書はすべて**ハキ**した。
6 若者らしい**ハキ**に満ちている。

7 戦乱で祖国は**コウハイ**してしまった。
8 部の**コウハイ**から慕われている。

9 机の上に**カビン**を置く。
10 近ごろ、神経**カビン**になっている。

11 身分の**サショウ**が発覚した。
12 入国**サショウ**の呈示を求められた。

13 木の**カ**のあたらしい家に移る。
14 **カ**の鳴くような声で訴える。

15 父の**モ**に服している。
16 水槽に**モ**を入れる。

59 同音・同訓異字 5

出る順 ランクB

合格 13／16

得点

◆次の――線のカタカナを漢字に直しなさい。

1 高速道路はジュウタイしていた。
2 ひなが一列ジュウタイで親の後を歩く。

3 文房具をイッカツして買い入れる。
4 しっかりしろと父にイッカツされた。

5 密入国者は本国にソウカンされた。
6 山頂からの夜景はソウカンだった。

7 女王へのエッケンを願い出た。
8 議長のエッケン行為を戒める。

9 産業ハイキ物を適正に処理する。
10 車のハイキガス中の有害物質を調べる。

11 十隻のセンパクが港に停泊している。
12 人前でセンパクな知識を振り回す。

13 食べすぎると健康にサワる。
14 展示品にサワらないでください。

15 眼光、人をイる。
16 青銅の仏像をイる。

60 同音・同訓異字 6

出る順 ランクB

合格 13/16

得点

◆次の——線のカタカナを漢字に直しなさい。

1 物価の**トウキ**を抑える。
2 **トウキ**の皿に料理を盛る。

3 登頂の中止は**ケンメイ**な判断だった。
4 悲しみを**ケンメイ**にこらえた。

5 事実かどうか**シンギ**のほどはわからない。
6 委員会で増税案を**シンギ**する。

7 ビキニ**カンショウ**は太平洋上にある。
8 昔を回想し**カンショウ**に浸る。

9 歯並びを**キョウセイ**する。
10 密入国者を**キョウセイ**送還する。

11 日本語の**キゲン**を探る。
12 どうやら**キゲン**を損ねたようだ。

13 その年で**フ**けるのは早すぎる。
14 夜も次第に**フ**けてきた。

15 ハワイは**トコ**夏の島だ。
16 掛け軸を**トコ**の間に飾る。

61 誤字訂正 4

出る順 ランクB

合格 16/20

得点

◆次の各文にまちがって使われている同じ読みの漢字が一字あります。上に誤字を、下に正しい漢字を記しなさい。

	問題	誤	正
1	車酔いの予防には急発進・急ブレーキを避け、車内の通風と賓繁な休息が効果的である。		
2	高齢者に息子や孫だと偽って電話し、事故の示談金等を振り込ませる差欺事件が多発している。		
3	北米と比較してたばこに緩容だった欧州でも、禁煙を迫る圧力に喫煙者の肩身は狭くなっている。		
4	食品の賞味期限について、科学的な根挙に基づいた設定方法を検討し、国が指針を出す意向だ。		
5	風邪を引かない丈夫な体を作ると共に精神を鍛えるため、毎朝起床して乾布摩刷を励行している。		
6	以前は版画を掘ったり毛筆で書いたりしていた年賀状作成も、今はパソコンの使用が多くなった。		
7	電波で自分の位置がつかめる機能を塔載した携帯電話による道案内サービスが話題を呼んでいる。		
8	カワウは、ふんが土壌を酸性化し木を枯らすなど迅大な害をもたらすため、駆除法が模索されている。		
9	日本の特産品である漆器は、各地方で多才な技法が工夫され、身近な工芸品として愛用されている。		
10	参加することに意義があるとされるオリンピックは、能力の限界に超戦する死闘の場でもある。		

62 誤字訂正 5

出る順 ランクB

合格 16／20

得点

◆次の各文にまちがって使われている同じ読みの漢字が一字あります。上に誤字を、下に正しい漢字を記しなさい。

	問題	誤	正
1	被爆地広島・長崎は、興久的に戦争のない世界を希求する祈りの聖地として位置付けられてきた。		
2	豪華客船で世界を巡る優雅な船旅は、慌ただしい現代では得堅い体験をもたらすだろう。		
3	農業従事者の高齢化、後携者不足、遊休農地の増加という事態に対応する農政について審議する。		
4	防水性、通気性に優れた新しい素材が開発され、野外活動用の染維製品に新時代を開いた。		
5	禁煙ムードが高まり、たばこを吸う人は漸減警向にあるが、欧米に比べて日本はまだまだ喫煙国だ。		
6	家庭用の小型焼却炉は、ダイオキシン類や悪醜の発生原因ともなるため、使用の自粛が望まれる。		
7	森林が人間に及ぼす生理的・心理的効果を医学的に実証し、森林療法の布及、実践を目指す。		
8	生活習慣病改善には、規則正しい生活を心がけ、腸を使激する食品の摂取を控えることが肝要だ。		
9	肉眼では観察しにくい微小な藻類や動物性の浮遊生物を検微鏡で拡大すると興味深い動きが見える。		
10	商取引には約束事が伴うが、その取り決めの一つ一つの条綱が約款に記載されている。		

63 誤字訂正 6

出る順 ランクB

合格 16/20

得点

◆次の各文にまちがって使われている同じ読みの漢字が一字あります。上に誤字を、下に正しい漢字を記しなさい。

	問題	誤	正
1	世界陸上競技選手権のマラソンに参加した各国の有力選手は、号砲を合図に一勢にスタートした。		
2	食用のほか、香辛料や疲労回復剤としても使われるニンニクは、優れた殺禁力を持っている。		
3	樹木のせん定は、病虫害の防除と結実の速進のために行い、美しい木の姿を維持する上で欠かせない。		
4	カメラを潮風に当てると、金属が府食し電子回路の故障を起こすので、海辺では注意が必要だ。		
5	輸血に必要な血液の安定供給には、市民の広範な協力を得て献血の確保に努めることが不過欠だ。		
6	攻撃に決め手を欠き、緒戦から防戦一方だった試合は終盤で一糸を報いるのが精一杯だった。		
7	弁当などによく用いられる冷等食品は、調理が簡単で長期の保存も利くので、重宝がられている。		
8	凡庸な二世俳優と思われていたが、出演した舞台で迫真の演技を披露し、一役脚光を浴びた。		
9	医療技術が進歩してペットの高齢化が急速に進み、世話をする飼い主の負端も深刻になっている。		
10	医薬品扱いの整腸薬等が医薬部外品になって、一般小売店やコンビニでも講入できるようになった。		

64 漢字と送りがな 3

出る順 ランクB

合格 12/15

得点

◆次の——線のカタカナを漢字一字と送りがな（ひらがな）に直しなさい。

〈例〉 門をアケル。 開ける

1 痛みをヤワラゲル注射を打つ。

2 彼とマッタク同意見だ。

3 辞書をカタワラに勉強する。

4 無理がたたって健康をソコナウ。

5 まだまだフケルほどの年ではない。

6 派手なヨソオイが人目をひく。

7 不意の来客にアワテル。

8 日々、努力をオコタラない。

9 ナゲカワシイ事態になったものだ。

10 胸をソラシて深呼吸する。

11 多発する汚職にイキドオル。

12 ヌカリなく仕事を済ませた。

13 一芸にヒイデルことは容易ではない。

14 第一人者の名をハズカシメル作品だ。

15 会社の業績がカンバシクない。

65 漢字と送りがな 4

出る順 ランクB

合格 12／15

得点

◆次の――線のカタカナを漢字一字と送りがな（ひらがな）に直しなさい。

〈例〉門をアケル。　開ける

□ 1 スタレル伝統行事を映像に残す。

□ 2 耳にするのもケガラワシイ事件だ。

□ 3 友人の甘言にソソノカサれた。

□ 4 伝統の中でツチカワれてきた技術だ。

□ 5 湯上がりに風がスズシク気持ちよい。

□ 6 額からシタタル汗をぬぐう。

□ 7 友の突然の死をイタム。

□ 8 無実の人を罪にオトシイレル謀略だ。

□ 9 人形を意のままにアヤツルことができる。

□ 10 人をイヤシメル言動を慎む。

□ 11 視界をサエギル高層ビルだ。

□ 12 オダヤカナ話し方をする人だ。

□ 13 相手をアナドッて痛い目にあった。

□ 14 盆栽の枝をタメル。

□ 15 難問に頭をカカエル。

66 漢字の読み 15

出る順 ランクC

合格 15／18

得点

◆次の――線の読みをひらがなで書きなさい。

□ 1 悪貨は良貨を**駆逐**する。
□ 2 趣味は**囲碁**です。
□ 3 土地が**陥没**している。
□ 4 **春宵**のひととき، 花月の宴を催す。
□ 5 勤続二十年で**表彰**される。
□ 6 **出棺**に付き添った。
□ 7 毎日、**払暁**の勤行を欠かさない。
□ 8 この詩には**擬人**法が使われている。
□ 9 今日はご**機嫌**がいい。
□ 10 **排水溝**がつまった。
□ 11 知人に協力を**懇願**される。
□ 12 申し出を**拒否**する。
□ 13 仕事の**進捗**具合は良好だ。
□ 14 子犬が祖母に**懐**いている。
□ 15 **偽**りの罪で逮捕される。
□ 16 **江戸**時代は町人文化が発達した。
□ 17 **津波**という言葉は海外でも使われる。
□ 18 喉がカラカラに**渇**く。

67 漢字の読み 16

出る順 ランクC

合格 15／18

得点

◆次の――線の読みをひらがなで書きなさい。

1 非常食として**缶詰**を用意する。

2 次々と**厄介**な問題が起こる。

3 **褐色**の肌が美しい。

4 **蛍光**塗料を使う。

5 防風林として**植栽**する。

6 **酢酸**は食酢の主な成分だ。

7 **囚人**を護送する。

8 **機関銃**を発射する。

9 寺の**由緒**を住職に尋ねる。

10 機械の**稼動**時間を調整する。

11 学校には**俊足**を誇るランナーが大勢いる。

12 **男爵**いもをゆでる。

13 あの人は自意識**過剰**だ。

14 カーテンで日光を**遮**る。

15 **愁**いを帯びた瞳が悲しげだ。

16 自分の犯した罪を**償**う。

17 祖父は肺を**患**っている。

18 敷地だけでなく**建坪**も広い。

68 漢字の読み 17

出る順 ランクC

合格 15/18

得点

◆次の――線の読みをひらがなで書きなさい。

□ 1 一週間の自宅**謹慎**を言いわたされる。
□ 2 この問題は厚生労働省の**管轄**です。
□ 3 カードで読みたい本を**検索**する。
□ 4 **選択肢**をいくつか挙げる。
□ 5 **叔父**を訪問する。
□ 6 **嫌悪**の情を抑えられない。
□ 7 外国との条約を**批准**する。
□ 8 **縄文**式土器を展示する。
□ 9 **真珠**の首飾りを贈る。
□ 10 隣の人の**釣果**に目を見張る。
□ 11 善行への**報酬**は感謝の気持ちです。
□ 12 一言で問題の本質を**喝破**する。
□ 13 仕事を**迅速**に処理する。
□ 14 あの山は**杉**の木ばかりだ。
□ 15 種まきの前に**畝作**りをする。
□ 16 結婚式で**誓**いの言葉を述べる。
□ 17 兄の**薦**めでこの映画を見た。
□ 18 母は社会の出来事に**疎**い。

69 漢字の読み 18

出る順 ランクC

合格 15／18

得点

◆次の――線の読みをひらがなで書きなさい。

□ 1 豪雨で**激甚**な被害が出た。

□ 2 **患部**に薬をぬる。

□ 3 好きな作家の**傑作**集を買う。

□ 4 **疫病神**を追い払う。

□ 5 とうとう**年貢**の納め時がきた。

□ 6 論文作成のため資料を**渉猟**する。

□ 7 それは**詐欺**行為だ。

□ 8 水道の**蛇口**をひねる。

□ 9 エビは**甲殻**類に属する。

□ 10 作品を**吟味**する。

□ 11 切り立ったがけの**桟道**を慎重に進む。

□ 12 息子は何にでも興味**津津**だ。

□ 13 **儒学**は中国より渡来した。

□ 14 山で遭難した人を**捜**す。

□ 15 収入の一割を貯蓄に**充**てている。

□ 16 **挿**し木をして花を増やす。

□ 17 一年間、**喪**に服す。

□ 18 今年初めての**霜柱**だ。

70 漢字の読み 19

出る順 ランクC

合格 15/18

得点

◆次の——線の読みをひらがなで書きなさい。

□ 1 今年は大雪のほか、霜害も深刻だ。
□ 2 尼僧に寺院の中を案内される。
□ 3 子煩悩な両親に育てられた。
□ 4 隣家の女性はまれに見る愛猫家だ。
□ 5 暗殺者の凶刃に倒れる。
□ 6 商店街は今では閑散としている。
□ 7 芸術作品を享受する喜びを感じる。
□ 8 夏は開襟シャツを愛用している。
□ 9 文化勲章を受ける。
□ 10 葬儀は斎場で行われる。
□ 11 紳士淑女が集う。
□ 12 市内を循環バスに乗って観光した。
□ 13 広大な土壌を耕す。
□ 14 美しい棚田の眺めだ。
□ 15 心をこめて弔う。
□ 16 これは由緒ある釣り鐘だ。
□ 17 罪人を懲らしめる。
□ 18 貝塚は古代人の生活の跡だ。

71 漢字の読み 20

出る順 ランクC

合格 15/18

得点

◆次の——線の読みをひらがなで書きなさい。

□ 1 あのじいさんは**頑固**だ。

□ 2 新しい**塾生**を募集する。

□ 3 先輩の一言が**琴線**にふれた。

□ 4 東京は政治の**中枢**である。

□ 5 **艦船**が港に到来した。

□ 6 **窮屈**な靴では足が痛い。

□ 7 **窃盗**容疑で逮捕する。

□ 8 知識を**実践**に活かす。

□ 9 壮大な**渓谷**の景観を楽しむ。

□ 10 **栓抜**きでビールびんをあける。

□ 11 犯人の足どりを**捜査**する。

□ 12 **呉服**店を営んでいる。

□ 13 天下**泰平**の世の中だ。

□ 14 家の**扉**を閉ざす。

□ 15 人目を**忍**んで行動する。

□ 16 **洞穴**を探検する。

□ 17 **一筋縄**ではいかない人物だ。

□ 18 学生として何をすべきかを**諭**す。

72 漢字の書き 15

出る順 ランクC

合格 12/15

得点

◆次の——線のカタカナを漢字に直しなさい。

1 諸問題を**ホウカツ**して論じる。
2 **シュウワイ**の罪に問われる。
3 始業五分前に**ヨレイ**が鳴る。
4 決算で経費を**ルイケイ**する。
5 会社の**ドウリョウ**と昼食をとる。
6 ご出席いただければ**コウジン**です。
7 長年の夢がついに**ジョウジュ**した。
8 新聞に**センリュウ**を投稿する。
9 修行を積んで**ボンノウ**を断つ。
10 **キョウキン**を開いて語り合った。
11 金額の**タカ**を問わずに浄財を募る。
12 何度も**シュラバ**をくぐってきた。
13 就職のための**リレキ**書を書く。
14 志半ばで暴漢の**キョウジン**に倒れた。
15 **ユウフク**な家庭に生まれ育つ。

73 漢字の書き 16

出る順 ランクC

合格 12/15

得点

◆次の——線のカタカナを漢字に直しなさい。

□ 1 今朝来た道をモドる。

□ 2 木陰はスズしい。

□ 3 糸車をまわして生糸をツムぐ。

□ 4 親に心得違いを何度もサトされた。

□ 5 長年の苦労が水のアワとなった。

□ 6 祝宴で酒をクみ交わす。

□ 7 ヨイゴしの銭は持たぬ。

□ 8 民の口を防ぐは水を防ぐよりハナハだし。

□ 9 彼のイキドオりはすさまじかった。

□ 10 悪事をソソノカされた。

□ 11 わたしはネコ舌なので熱いものは苦手だ。

□ 12 給料前でフトコロが寒い。

□ 13 母の形見をハダミ離さず持ち歩く。

□ 14 碁盤のマスメを数える。

□ 15 罪はツグナわなければならない。

74 漢字の書き 17

出る順 ランクC

合格 12/15

得点

◆次の――線のカタカナを漢字に直しなさい。

1 傷は一週間でチユします。
2 大企業が中小企業をサンカに収める。
3 名香のヨクンが茶室にただよう。
4 誇大モウソウの癖が抜け切らない。
5 石碑をケンマ機できれいに仕上げる。
6 卒業後、五十年のセイソウを重ねた。
7 マヤクを取り締まる。
8 チュウシンよりおわび申し上げます。
9 資金繰りのため金策にホンソウする。
10 官僚は国民のコウボクである。
11 この辺りにはボウセキ工場がたくさんあった。
12 集中豪雨でデイリュウが発生した。
13 学歴サショウが問題になる。
14 肝っ玉の小さいキョウリョウな人だ。
15 文壇へのトウリュウモンとされる賞だ。

75 漢字の書き 18

出る順 ランクC

合格 12／15

得点

◆次の――線のカタカナを漢字に直しなさい。

□ 1 マユから生糸を紡ぐ。
□ 2 女性の僧をアマという。
□ 3 故人をイタみ悲しむ。
□ 4 話し声が隣にツツヌけだ。
□ 5 母屋とはムネ続きになっている。
□ 6 道路がドロミズであふれている。
□ 7 反対する人をウトんじるな。
□ 8 ツルをはなれた矢は的に命中した。
□ 9 昔の人は一里ヅカを旅の目印にした。
□ 10 昼食はおチャヅけで済ます。
□ 11 彼は一度コらしめねばなるまい。
□ 12 死者を丁重にトムラう。
□ 13 今年はハツシモが早い。
□ 14 川にモが大発生している。
□ 15 物議をカモす発言だった。

76 漢字の書き 19

出る順 ランク C

合格 12／15

得点

◆次の――線のカタカナを漢字に直しなさい。

1 この子はヘンショクが激しい。

2 ヤッカイな仕事を引き受けた。

3 近年、国力がヒヘイしてきた。

4 教育大学のフゾク校に進学する。

5 騒ぎ立てる弟子を師匠がイッカツする。

6 父は中国の歴史にツウギョウしている。

7 キョウセイ歯科を専門にしている医院だ。

8 優勝力士にシハイが授与された。

9 柔よくゴウを制す。

10 ダンシャク芋の収穫時期になった。

11 シシュクする評論家の著書を読む。

12 美術展でチョウソの展示をする。

13 ホウソウ界きっての敏腕弁護士だ。

14 会社の収益はテイゾウ傾向にある。

15 昔からヨウギョウが盛んな地域だ。

77 漢字の書き 20

出る順 ランクC

合格 12／15

得点

◆次の――線のカタカナを漢字に直しなさい。

□ 1 町でのサルの被害は深刻だ。
□ 2 カワグツの手入れをする。
□ 3 国をスべる大望を抱いた。
□ 4 冬の間デカセぎに出かける。
□ 5 無理なダイエットは健康を損なうオソレがある。
□ 6 埋め立てで失われたヒガタの再生を目指す。
□ 7 女王陛下にウヤウヤしく応対する。
□ 8 祖母は心臓をワズラっている。
□ 9 ツツシんで新年をお祝い申し上げます。
□ 10 国王のもとにたくさんのミツぎ物が運ばれた。
□ 11 相撲をマスセキで観戦した。
□ 12 去年ユかれた師匠の墓に参る。
□ 13 山林をツボアたり五千円で購入した。
□ 14 帆がウラカゼになびく。
□ 15 有名なカマモトから直接、花器を買い求めた。

78

部首 5

出る順 ランクC

合格 16／20

得点

◆次の漢字の部首を記しなさい。

〈例〉菜［艹］　間［門］

1 興
2 豪
3 再
4 缶
5 競
6 磨
7 麗
8 辛
9 衰
10 呈
11 丈
12 扉
13 承
14 致
15 昼
16 童
17 璽
18 騰
19 朴
20 屯

79 部首 6

出る順 ランクC

合格 16／20

得点

◆次の漢字の部首を記しなさい。

〈例〉 菜 〔艹〕 間 〔門〕

1 壮
2 商
3 羅
4 衷
5 髪
6 妥
7 督
8 乏
9 貢
10 嗣

11 占
12 賓
13 虜
14 瓶
15 豆
16 久
17 秀
18 妄
19 融
20 奪

80 熟語の構成 5

出る順 ランクC

合格 16/20

得点

熟語の構成のしかたには、次のようなものがある。

ア 同じような意味の漢字を重ねたもの （岩石）
イ 反対または対応の意味を表す字を重ねたもの （高低）
ウ 上の字が下の字を修飾しているもの （洋画）
エ 下の字が上の字の目的語・補語になっているもの （着席）
オ 上の字が下の字の意味を打ち消しているもの （非常）

◆次の熟語は右のア～オのどれにあたるか記号で答えなさい。

□ 1 克己
□ 2 隠顕
□ 3 剰余
□ 4 腐臭
□ 5 搾乳
□ 6 奔流
□ 7 安泰
□ 8 早晩
□ 9 繭玉
□ 10 不肖

□ 11 興奮
□ 12 殉教
□ 13 未詳
□ 14 派閥
□ 15 棋譜
□ 16 甲殻
□ 17 義憤
□ 18 寛厳
□ 19 懐疑
□ 20 遷都

81 熟語の構成 6

出る順 ランクC

合格 16/20

得点

熟語の構成のしかたには、次のようなものがある。

ア　同じような意味の漢字を重ねたもの　（岩石）
イ　反対または対応の意味を表す字を重ねたもの　（高低）
ウ　上の字が下の字を修飾しているもの　（洋画）
エ　下の字が上の字の目的語・補語になっているもの　（着席）
オ　上の字が下の字の意味を打ち消しているもの　（非常）

◆次の熟語は右のア〜オのどれにあたるか記号で答えなさい。

1 撤兵
2 往還
3 謹慎
4 不屈
5 舌禍
6 吉凶
7 正邪
8 漸進
9 赴任
10 顕彰

11 無尽
12 充満
13 抹茶
14 塑像
15 栄辱
16 得喪
17 罷業
18 紛糾
19 翻意
20 頒価

82

四字熟語 10

出る順 ランクC

合格 12／15

得点

◆次の四字熟語のア〜コの（　　）に入る適切な語を下の□から選び、漢字二字で記しなさい。

□ア 合従（　　）
□イ 安寧（　　）
□ウ 当意（　　）
□エ 粉骨（　　）
□オ 会者（　　）
□カ（　　）止水
□キ（　　）末節
□ク（　　）烈日
□ケ（　　）潔白
□コ（　　）無二

さいしん　しゅうそう　しよう　じょうり　せいれん　そくみょう　ちつじょ　めいきょう　ゆいいつ　れんこう

ア	イ	ウ	エ	オ	カ	キ	ク	ケ	コ

◆次の1〜5の意味にあてはまるものを、前問のア〜コの四字熟語から一つ選び、記号で答えなさい。

□1 国家や社会が平穏な状態にあること。
□2 利益に応じてまとまったり離れたりすること。
□3 ほかに同じものがないこと。
□4 この世は無常で別れはつきものであるということ。
□5 状況に応じてその場で機転を利かすこと。

1	2	3	4	5

83 四字熟語 11

出る順 ランクC

合格 12／15

得点

◆次の四字熟語のア〜コの（　）に入る適切な語を下の□から選び、漢字二字で記しなさい。

- □ア 生生（　）
- □イ 外柔（　）
- □ウ 百八（　）
- □エ 小心（　）
- □オ 大言（　）
- □カ （　）漢才
- □キ （　）千万
- □ク （　）会釈
- □ケ （　）充棟
- □コ （　）曲直

いかん　えんりょ　かんぎゅう　そうご　ないごう　ぼんのう　よくよく　りひ　るてん　わこん

ア	イ	ウ	エ	オ	カ	キ	ク	ケ	コ

◆次の1〜5の意味にあてはまるものを、前問のア〜コの四字熟語から一つ選び、記号で答えなさい。

- □1 蔵書がとても多いこと。
- □2 びくびくしているさま。
- □3 万物が変化し続けるさま。
- □4 非常に残念なこと。
- □5 物事の正しいことと間違っていること。

1	2	3	4	5

84

四字熟語 12

出る順 ランクC

合格 12／15

得点

◆次の四字熟語のア～コの（　）に入る適切な語を下の□から選び、漢字二字で記しなさい。

□ア 羽化（　　）
□イ 付和（　　）
□ウ 無味（　　）
□エ 詩歌（　　）
□オ 旧態（　　）
□カ（　　）顕正
□キ（　　）不敵
□ク（　　）衝天
□ケ（　　）玉条
□コ（　　）得喪

いぜん　かふく　かんげん　かんそう　きんか　だいたん　とうせん　どはつ　はじゃ　らいどう

ア	イ	ウ	エ	オ	カ	キ	ク	ケ	コ

◆次の1～5の意味にあてはまるものを、前問のア～コの四字熟語から一つ選び、記号で答えなさい。

□1 ものおじしないこと。
□2 酒を飲むなどして、よい気持ちになること。
□3 昔のままで進歩がないこと。
□4 良いことも悪いこともあること。
□5 最も大切にして守る決まり。

1	2	3	4	5

85 対義語・類義語 5

出る順 ランクC

合格 16／20

得点

◆左の□の中の語を必ず一度使って漢字に直し、対義語・類義語を記しなさい。

対義語

1 反逆
2 低俗
3 軽侮
4 多弁
5 汚濁
6 総合
7 軽快
8 倹約
9 質素
10 国産

類義語

11 仲人
12 歳月
13 粗筋
14 残念
15 妨害
16 本復
17 湯船
18 強壮
19 道徳
20 苦境

・いかん　・かいゆ　・がいりゃく　・かび
・かもく　・がんけん　・きゅうち　・きょうじゅん
・こうしょう　・すうはい　・せいそう　・せいちょう
・そうちょう　・そし　・ばいしゃく　・はくらい
・ぶんせき　・よくそう　・りんり　・ろうひ

86 対義語・類義語 6

出る順 ランクC

合格 16／20

得点

◆左の□の中の語を必ず一度使って漢字に直し、対義語・類義語を記しなさい。

対義語

1 禁欲 ―
2 固辞 ―
3 献上 ―
4 褒賞 ―
5 助長 ―
6 隆起 ―
7 挿入 ―
8 愛好 ―
9 巧遅 ―
10 落第 ―

類義語

11 煩雑 ―
12 失望 ―
13 借金 ―
14 抜粋 ―
15 卓越 ―
16 来歴 ―
17 心酔 ―
18 掃討 ―
19 熟知 ―
20 手柄 ―

・かいだく　・かし　・かんぼつ　・きゅうだい
・きょうらく　・くちく　・けいとう　・けんお
・げんめつ　・しゅういつ　・しゅくん　・しょうろく
・せっそく　・そがい　・ちゅうしゅつ　・ちょうばつ
・つうぎょう　・ふさい　・やっかい　・ゆいしょ

87

同音・同訓異字 7

出る順 ランクC

合格 13／16

得点

◆次の――線のカタカナを漢字に直しなさい。

1 **ユシ**免職の処分となる。

2 植物性**ユシ**を原料に石けんを作る。

3 連敗で士気が**チンタイ**している。

4 家主と**チンタイ**契約を結んだ。

5 集会の**ボウトウ**にあいさつをする。

6 物価の**ボウトウ**が暮らしを直撃する。

7 江戸幕府は儒学を**ショウレイ**した。

8 多くの**ショウレイ**から病因を突き止める。

9 産業の育成を**ソガイ**する。

10 仲間はずれにされて**ソガイ**感を抱く。

11 席にはまだ**ジャッカン**の余裕がある。

12 **ジャッカン**十六歳で金賞を受賞した。

13 目の**ツ**んだ布地を使う。

14 野辺に出て薬草を**ツ**んだ。

15 山の**ハ**に月が懸かる。

16 刀の**ハ**がこぼれる。

88

同音・同訓異字 8

出る順 ランクC

合格 13/16

得点

◆次の――線のカタカナを漢字に直しなさい。

1 叔母から財産をジョウヨされる。
2 決算で多少のジョウヨ金が出た。

3 反対派をうまくカイジュウする。
4 陸の恐竜を模したカイジュウだ。

5 物事をコウテイ的に見る。
6 大使のコウテイを改装した。

7 国の期待をソウケンに担う。
8 いつまでもごソウケンで何よりです。

9 定年前にユウタイし後進に道を開く。
10 カンガルーはユウタイ類に属する。

11 ショウガイの思い出になる。
12 ショウガイを取り除く。

13 田んぼでは稲のホが実っている。
14 海原を白いホのヨットが進む。

15 八エ桜が咲き始めた。
16 傘のエが折れてしまった。

89 誤字訂正 7

出る順 ランクC

合格 16/20

得点

◆次の各文にまちがって使われている同じ読みの漢字が一字あります。上に誤字を、下に正しい漢字を記しなさい。

		誤	正
1	温暖化による異常気象や海面上昇は、経済的に貧しい国や標高の低い島国に尽大な影響を及ぼす。		
2	戦争捕虜への逆待は、その基本的人権を明確に保障する国際条約に違反した非人道的な行為だ。		
3	昨今、生活に余遊ができた中高年層に、ピアノやギターなどに初挑戦する人が増えている。		
4	偽造紙幣を使った犯罪の急増で、本物かどうか看別する携帯可能な小型の機械が売り出された。		
5	木枯らしが吹き、山野を彩った広葉樹が葉を落とすころ、傾谷を縫う川は極端に水量が減る。		
6	身内や警察官などを喚称した電話で、現金を振り込ませるという巧妙な手口に注意する必要がある。		
7	法廷で法律の規定に従って宣誠した証人が故意に事実と異なる陳述をすると刑罰が科せられる。		
8	防火訓練の一環として避難階段に障害物がないか、消火泉が正常に作動するかなども点検した。		
9	密航船の航路の分跡、警備上必要な地形の確認、災害の被害状況把握などに衛星画像が活躍する。		
10	空き巣被害の防止には、玄関などの出入り口に、防犯性能の高い冗前を複数付けるのが効果的だ。		

90 誤字訂正 8

出る順 ランク C

合格 16／20

得点

◆次の各文にまちがって使われている同じ読みの漢字が一字あります。上に誤字を、下に正しい漢字を記しなさい。

	問題	誤	正
1	産業敗棄物の不法投棄防止のため、監視活動を強化し、発見者からの情報提供を呼びかけている。		
2	多発する交通事故、深刻な道路充滞、排気ガスによる大気汚染など車社会の問題は多岐にわたる。		
3	文化祭行事の一環として企画された公開討論会では、大勢の参加者が活発に意見を応襲した。		
4	該博な知識を駆使した労作で、筆者ならではの鋭利な洞察と流令な語り口が読者を魅了する。		
5	全盛期は過ぎたものの、多彩な技と老練な駆け引きで、依然チームの大黒柱の地位を健持している。		
6	超小型X線管が開発され、惑星探査機への登載や医療機器への利用が期待されている。		
7	地方分権が進む中で実施される今回の選挙では、市町村合柄を含めた地方自治の在り方が問われる。		
8	日本人は文明開化以来、西洋該念や文物の摂取に際し、多くの新しい翻訳語を生み出してきた。		
9	陶芸展で入賞した花瓶は作者の豊かな色彩感覚と線細な技法とが一体化した秀逸な作品である。		
10	四季折々の味を鮮やかに盛った料理と器で客をもてなし、季節を満詰させるのが日本料理の真髄だ。		

91 漢字と送りがな 5

出る順 ランク C

合格 12／15

得点

◆次の――線のカタカナを漢字一字と送りがな(ひらがな)に直しなさい。

〈例〉 門をアケル。 開ける

□ 1 刃物をちらつかせてオドカサれる。

□ 2 白鳥がイコウ湖だ。

□ 3 死者の霊をトムラウ。

□ 4 それもカシコイ選択の一つだ。

□ 5 この地に腰をスエルことにした。

□ 6 なんとオロカシイことを考える人だ。

□ 7 外食ばかりでは栄養がカタヨル。

□ 8 短い休憩が間にハサマッた。

□ 9 社会に出るには経験がトボシイ。

□ 10 議長の一言が物議をカモシた。

□ 11 ズボンのすそがサケル。

□ 12 霊前に供物をタテマツッた。

□ 13 このレモンは特にスッパイ。

□ 14 死者を手厚くホウムル。

□ 15 夜がフケルまで語り合った。

92 漢字と送りがな 6

出る順 ランクC

合格 12/15

得点

◆次の――線のカタカナを漢字一字と送りがな（ひらがな）に直しなさい。

〈例〉 門をアケル。 開ける

□ 1 心から罪をクイル。
□ 2 ウモレていた才能が開花した。
□ 3 若い二人が将来をチカウ。
□ 4 電車はスデニ発車していた。
□ 5 一度の失敗ですっかりコリル。
□ 6 友の思いやりに心がウルオッた。
□ 7 コップが落ちて粉々にクダケた。
□ 8 秘密がモレルとは思わなかった。
□ 9 人々の熱気が会場をオオウ。
□ 10 雑踏にマギレて姿を見失った。
□ 11 オルガンで荘重な曲をカナデル。
□ 12 イサギヨク負けを認めた。
□ 13 落石が行く手をハバム。
□ 14 バイト代でマカナウよう努力する。
□ 15 アキルほど映画を見た。

実戦模擬テスト 1

時間 60分

合格点 160/200

得点

(一) 次の——線の読みをひらがなで記せ。(30点)

1 政治献金の総額が公表された。( )
2 風呂で体を温める。( )
3 頑是ない子どもの笑顔に心が和む。( )
4 賭博行為は罰せられる。( )
5 つねに技術の練磨を怠らない。( )
6 死後の世界を冥土という。( )
7 損失を補塡するために努力する。( )
8 仏道に帰依して修行に励む。( )
9 両者が権力を巡って角逐した。( )
10 真摯な態度が心を打つ。( )
11 天蓋が美しく飾られている。( )
12 彼の行為は軽蔑に値する。( )

13 大聖堂の崇高な美しさに感動した。( )
14 過去の罪業を悔い改める。( )
15 親睦会に参加する。( )
16 施錠を確認して出掛ける。( )
17 失踪事件が解決した。( )
18 現場の血痕を調べる。( )
19 旺盛な好奇心を持ち続ける。( )
20 庭に数奇屋造りの別棟を建てた。( )
21 ひたすら命乞いをする。( )
22 週一回、謡の練習に通っている。( )
23 本源に遡って考える。( )
24 髪の艶を保つ。( )
25 瓦割りの演武をする。( )

26 初孫の産着を用意した。（　　）
27 今更焦っても始まらない。（　　）
28 己の頭のはえを追えという。（　　）
29 つる草が樹木に絡み付く。（　　）
30 川辺は春の息吹を感じる。（　　）

(二) 次の漢字の部首を記せ。（10点）

〈例〉 菜（艹）　間（門）

1 朱（　　）
2 顎（　　）
3 衡（　　）
4 辣（　　）
5 鼓（　　）
6 腐（　　）
7 耗（　　）
8 奔（　　）
9 摯（　　）
10 痩（　　）

(三) 熟語の構成のしかたには次のようなものがある。

ア 同じような意味の漢字を重ねたもの（岩石）
イ 反対または対応の意味を表す字を重ねたもの（高低）
ウ 上の字が下の字を修飾しているもの（洋画）
エ 下の字が上の字の目的語・補語になっているもの（着席）
オ 上の字が下の字を打ち消しているもの（非常）

次の熟語は右のア〜オのどれにあたるか。記号で答えよ。（20点）

1 貴賓（　　）
2 不浄（　　）
3 祈念（　　）
4 諭旨（　　）
5 隠顕（　　）
6 腐臭（　　）
7 雅俗（　　）
8 免租（　　）
9 弾劾（　　）
10 窮地（　　）

(四) 次の**四字熟語**について、問1と問2に答えよ。

問1 次の**四字熟語**の(1～10)に入る適切な語を後の□の中から選び、**漢字二字**で記せ。(20点)

ア 綱紀(1)　(　)
イ 快刀(2)　(　)
ウ 心頭(3)　(　)
エ 温厚(4)　(　)
オ 泰山(5)　(　)
カ (6)徒食　(　)
キ (7)薄命　(　)
ク (8)一紅　(　)
ケ (9)烈日　(　)
コ (10)絶佳　(　)

かじん・しゅうそう・しゅくせい
ちょうぼう・とくじつ・ばんりょく
ほくと・むい・めっきゃく・らんま

問2 次の11～15の**意味**にあてはまるものを**問1のア～コの四字熟語**から一つ選び、**記号**で答えよ。(10点)

11 おだやかで情があり、誠意があること。(　)
12 見晴らしがすばらしいこと。(　)
13 何もしないでぶらぶら生活していること。(　)
14 乱れた規律を引き締めること。(　)
15 多くの中でひとつだけ目立つこと。(　)

(五) 後の□の中の語を必ず一度使って**漢字**に直し、**対義語・類義語**を記せ。(20点)

対義語

1 払暁－(　)
2 軽侮－(　)
3 自生－(　)
4 釈放－(　)
5 虚弱－(　)

類義語

6 基地－(　)
7 脅迫－(　)
8 阻害－(　)
9 激怒－(　)
10 計略－(　)

いかく・がんけん・きょてん
こうそく・さいばい・さくぼう
じゃま・すうはい・はくぼ
ふんがい

(六) 次の——線のカタカナを漢字に直せ。(20点)

1 贈答品の過剰なホウソウを慎む。（　）
2 検察官としてホウソウ界で活躍した。（　）
3 シンギを重ねて結論を出す。（　）
4 うわさのシンギは不明だ。（　）
5 油断しないよう注意をカンキする。（　）
6 暖房中は部屋のカンキに注意する。（　）
7 故人を悼む長いソウレツが続く。（　）
8 戦士はソウレツな最期を遂げた。（　）
9 夜更かしは体にサワる。（　）
10 サワらぬ神にたたりなし。（　）

(七) 次の各文にまちがって使われている同じ読みの漢字が一字ある。上に誤字を、下に正しい漢字を記せ。(10点)

1 彼らの普段からの行動は目に余るものがあり、恐れることなく抗議したが一就されてしまった。（　→　）
2 ごみの不法投棄や電車・バスの車内でのマナー欠除など、社会における規範意識の低下は深刻な問題だ。（　→　）
3 様々な動植物が生息し、土砂崩れや川の反濫を防ぐ天然林が違法に伐採される事件が頻発している。（　→　）
4 文明開化の時代に操業してから今日まで、精選された食材と卓越した技で絶妙の味を提供してきた料理店だ。（　→　）
5 担当している仕事の進直状況を上司に報告すると、顧客情報の取り扱いを含めた改善策を助言された。（　→　）

(八) 次の——線のカタカナを漢字一字と送りがな(ひらがな)に直せ。(10点)

〈例〉問題にコタエル。答える

1 町並みはイチジルシク変化した。（　）
2 神社にモウデル。（　）
3 努めて平静をヨソオッた。（　）
4 失敗でやる気がナエル。（　）
5 輸出が国の財政をウルオス。（　）

(九) 次の――線のカタカナを漢字に直せ。(50点)

1 歴代校長のショウゾウ画が飾ってある。(　　)

2 時間がなく一部をカツアイした。(　　)

3 不安をフッショクする努力が必要だ。(　　)

4 キョウキンを開いて語り合った。(　　)

5 箱の側面に送り状をチョウフする。(　　)

6 ものごとをオンビンに解決する。(　　)

7 役者ミョウリに尽きる仕事だ。(　　)

8 門出を前に期待と不安がコウサクする。(　　)

9 知人のセイメン工場では国産小麦を使用している。(　　)

10 正式に決まるまでのザンテイ措置だ。(　　)

11 無気味なヨウキが漂う。(　　)

12 父とソウソフの家を訪れる。(　　)

13 チェスのコマを動かす。(　　)

14 及ばずながらヒトハダ脱ごう。(　　)

15 会議の日時を手帳にヒカえる。(　　)

16 夏は肉や魚がクサりやすい。(　　)

17 空に美しいニジがかかった。(　　)

18 冬はナベ料理のおいしい季節だ。(　　)

19 事故の知らせで胸がフサがる思いだ。(　　)

20 週刊誌に私事をアバかれる。(　　)

21 栄養失調でヤせてしまった。(　　)

22 シロウト離れした演技力だ。(　　)

23 子鹿はアラシの夜に生まれた。(　　)

24 カッしても盗泉の水を飲まず。(　　)

25 オクせずに敵と戦う。(　　)

実戦模擬テスト 2

時間 60分

合格点 160/200

得点

(一) 次の――線の読みをひらがなで記せ。(30点)

1 大戦が**勃発**した。（　　）
2 既往の**疾病**の有無を尋ねる。（　　）
3 **愚昧**な大人にはならない。（　　）
4 制服と制帽が**貸与**された。（　　）
5 どうぞ**一献**お受けください。（　　）
6 寺で毎朝欠かさず**勤行**している。（　　）
7 盛んに人道主義を**鼓吹**する。（　　）
8 彼の本心を**把捉**する。（　　）
9 **沼沢**の水鳥を撮影する。（　　）
10 **憧憬**の感情を抱く。（　　）
11 樹上で**営巣**する鳥を観察する。（　　）
12 激しい**嫉妬**心を燃やす。（　　）
13 読書は**語彙**を豊かにする。（　　）
14 早朝の**清爽**な空気を吸う。（　　）
15 本堂で**尼僧**が読経している。（　　）
16 **俳諧**は日本独自のものである。（　　）
17 眼下に**紺青**の海が広がっている。（　　）
18 **凄惨**な事故現場の映像を見る。（　　）
19 お**相伴**で茶会に出る。（　　）
20 **残骸**が放置されている。（　　）
21 **面当**てに皮肉を言う。（　　）
22 **柿**の木に登って遊ぶ。（　　）
23 玄関に来客の**履物**が並ぶ。（　　）
24 彼の才能が**羨**ましい。（　　）
25 神仏を**畏**れ敬う。（　　）

26 舞台の**端役**で出演する。（　　）

27 肩に湿布を**貼**る。（　　）

28 ご配慮の程、願い**奉**ります。（　　）

29 **爪先**立ちで静かに歩く。（　　）

30 祭りの**山車**を初めて引いた。（　　）

(二) 次の漢字の**部首**を記せ。（10点）

〈例〉 菜（艹） 間（門）

1 呂（　　）
2 頓（　　）
3 鬱（　　）
4 竜（　　）
5 丙（　　）
6 酎（　　）
7 威（　　）
8 秀（　　）
9 虐（　　）
10 斑（　　）

(三) **熟語の構成**のしかたには次のようなものがある。

ア 同じような意味の漢字を重ねたもの　（**岩石**）

イ 反対または対応の意味を表す字を重ねたもの　（**高低**）

ウ 上の字が下の字を修飾しているもの　（**洋画**）

エ 下の字が上の字の目的語・補語になっているもの　（**着席**）

オ 上の字が下の字を打ち消しているもの　（**非常**）

次の**熟語**は右の**ア～オ**のどれにあたるか。**記号**で答えよ。（20点）

1 享楽（　　）
2 任免（　　）
3 献呈（　　）
4 不偏（　　）
5 妄信（　　）
6 分析（　　）
7 得喪（　　）
8 弔辞（　　）
9 叙情（　　）
10 愉悦（　　）

㈣ 次の**四字熟語**について、**問1と問2**に答えよ。

問1 次の**四字熟語**の（1～10）に入る適切な語を後の□の中から選び、**漢字二字**で記せ。（20点）

ア 精進（ 1 ）（　　）
イ 異端（ 2 ）（　　）
ウ 気炎（ 3 ）（　　）
エ 神出（ 4 ）（　　）
オ 内疎（ 5 ）（　　）
カ（ 6 ）奪胎（　　）
キ（ 7 ）扇動（　　）
ク（ 8 ）連理（　　）
ケ（ 9 ）牛後（　　）
コ（ 10 ）断行（　　）

がいしん・かんこつ・きぼつ・きょうさ
けいこう・けっさい・じゃせつ
じゅくりょ・ばんじょう・ひよく

問2 次の11～15の**意味**にあてはまるものを**問1のア～コの四字熟語**から一つ選び、**記号**で答えよ。（10点）

11 仲良くしているようで心底では遠ざけていること。（　　）
12 他を圧倒するほどいき込みが盛んなこと。（　　）
13 大きな組織で人の下にいるより小さな組織で上に立つ方がよいということ。（　　）
14 身を清めてけがれをはらうこと。（　　）
15 男女が仲むつまじいこと。（　　）

㈤ 後の□の中の語を必ず一度使って**漢字**に直し、**対義語・類義語**を記せ。（20点）

対義語

1 粗略－（　　）
2 緩慢－（　　）
3 慶賀－（　　）
4 老練－（　　）
5 欠乏－（　　）

類義語

6 根絶－（　　）
7 扇動－（　　）
8 功名－（　　）
9 傾倒－（　　）
10 来歴－（　　）

あいとう・じゅうそく・しゅくん
しんすい・じんそく・ちょうはつ
ていねい・ぼくめつ・ゆいしょ
ようち

(六) 次の――線のカタカナを漢字に直せ。(20点)

1 何事にもカンヨウな態度で臨む。（　）
2 何事にも忍耐がカンヨウだ。（　）

3 大臣のシモンを受けて識者が集まった。（　）
4 個人識別にシモンを利用する。（　）

5 ユウカイ事件の報道を一時控えた。（　）
6 氷は零度でユウカイする。（　）

7 紅葉のケイコク沿いに散策する。（　）
8 沢登りは危険だとケイコクされた。（　）

9 忙しいのに時間をサいて会ってくれた。（　）
10 絹をサくような悲鳴が聞こえた。（　）

(七) 次の各文にまちがって使われている同じ読みの漢字が一字ある。上に誤字を、下に正しい漢字を記せ。(10点)

1 就労資格のない外国人が日本国内で仕事に就くと、出入国管理法に抵触して母国に強制送関される。（　）→（　）

2 腹部に痛みを感じて受診すると胃の粘膜に腫庸が見つかったが、症状は軽く、治療により完治した。（　）→（　）

3 不況の影響で経営が悪化の一途をたどっており、社員の給料を然出するため経費削減の努力が必須である。（　）→（　）

4 市民講座の中高年向け健康体操に参加し、固関節や膝の関節を柔軟にし、転倒防止に役立てている。（　）→（　）

5 酢は、同じ材料や工程で製造されても発酵時の湿度や気温によって味が微妙に違うこともある鮮細な食品だ。（　）→（　）

(八) 次の――線のカタカナを漢字一字と送りがな(ひらがな)に直せ。(10点)

〈例〉 問題にコタエル。 答える

1 経営が成り立たず店がツブレル。（　）
2 大魚を逃がしてクヤシガル。（　）
3 風雨にさらされペンキがハゲタ。（　）
4 目上の人にウヤウヤシク接する。（　）
5 両親のイツクシミを受けて育つ。（　）

(九) 次の——線のカタカナを漢字に直せ。(50点)

1 目印にフセンを貼りつける。( )
2 羽にハンテンがあるチョウを見た。( )
3 余った布でキンチャクを作る。( )
4 乾杯のオンドをとる。( )
5 今回の優勝は努力のケッショウだ。( )
6 高級リョウテイで宴会をした。( )
7 事実を知らされリツゼンとする。( )
8 シャショウに乗換駅を尋ねた。( )
9 現政権が完全にガカイした。( )
10 寂しげなフゼイでたたずんでいる。( )
11 オンリョウのたたりを信じる。( )
12 金銭にケッペキな人だった。( )
13 友の消息は知るヨシもない。( )

14 慌てていてカギをかけ忘れた。( )
15 声をヒソめてうわさ話をしている。( )
16 風邪をひいてクズ湯を飲む。( )
17 五十ツボの宅地を購入する。( )
18 不快な行動にマユをひそめる。( )
19 花鳥風月を和歌にヨむ。( )
20 肉と野菜をクシに刺す。( )
21 川をヘダてて声をかけ合った。( )
22 ナゾめいた手紙を受け取る。( )
23 堪忍袋のオが切れる。( )
24 国家発展のモトイを築いた人だ。( )
25 クチビルほろびて歯寒し。( )

解答編

（×は、まちがえやすい例です）

1 漢字の読み 1

1 ねんしゅつ
2 さんか
3 ばとう
4 けんあん
5 みつげつ
6 かんげん
7 しょうび
8 たんさく
9 わいろ
10 ふんさい
11 そきゅう
12 せっちゅう

注意 「衷」と似た字に「哀」や「喪」がある。「喪」は「ソウ・も」と読み、「喪失」「喪中」などと使う。

13 せきちゅう
14 かお
15 さげす
16 つちか
17 ほうしょう
18 つつし

2 漢字の読み 2

1 こうりゅう
2 ろうおう
3 いふ
4 かぶん
5 せんぼう
6 しっせき
7 いかん

注意 「遺憾」の類義語は「残念」である。

8 さんか
9 しゅつらん
10 こうでい
11 かんめん
12 ほんりゅう
13 とんし
14 まかな
15 かこく
16 も
17 あこが
18 さ

3 漢字の読み 3

1 せんせい
2 きゅうし
3 かいゆ
4 いんぺい
5 てったい
6 しい
7 りこう
8 いったん
9 ぜんじ　×ざんじ
10 かいしょ
11 ふじょ
12 ぞうきん
13 しんし
14 ながそで
15 うね
16 ふ
17 えり
18 ほころ

4 漢字の読み 4

1 そんしょく
2 けいじ
3 きんさ
4 じょう
5 かぶき
6 きょうせい
7 はんあい
8 かくりょう
9 つぶ
10 しはい
11 うつぜん
12 すいそう
13 やくぜん
14 いた
15 か
16 みぞ
17 にしき
18 うれ

5 漢字の読み 5

1 せいしょう
2 こうがい
3 いんりつ
4 うげん
5 さんいつ
6 ひっす
7 ていさつ
8 ちみつ
9 ひめん

注意 「罷免」とは、「職務をやめさせること」をいう。

10 ごうまん
11 ふうとう
12 さた
13 せんたく
14 いしゅく
15 うずしお ×うづしお
16 ひじ
17 みさき
18 とら

6 漢字の読み 6

1 へいよう
2 ろうじょう
3 こんいん
4 さんけい
5 だみん
6 こうじ
7 ひんぱん ×ひんはん
8 こっけい
9 へんせん
10 あいさつ
11 がいかつ
12 しょせん
13 ぶんけん
14 い
15 み
16 ねた
17 わく
18 は

7 漢字の読み 7

1 ようぎょう
2 しゅうち
3 しょうがく
4 どうこう
5 かすい
6 びんせん
7 はんざつ
8 てっけん
9 へんざい
10 いす
11 じゅんしょく
12 だえき
13 ごうちょく
14 ころあ
15 ひとがき
16 ながうた
17 うやうや

注意 「うやうやしい」とは、「礼儀にかなって丁重な様子」を表す。

18 おれ

8 漢字の読み 8

1 おうとつ ×でこぼこ
2 ていねん
3 だべん
4 ゆうせん
5 はんぷ
6 かっとう
7 しゅさい ×しゅしょう
8 しんせき
9 かくしん
10 えんこん
11 けんしん
12 そうしん
13 もうてん
14 けた
15 から
16 きば
17 こば
18 しり

9 漢字の書き 1

1 奨励
2 廃材
3 斬新
4 大尉
5 危惧
6 奔放
7 陶冶
8 余韻
9 玩具
10 抹消
11 完璧
12 撤廃

注意 「取り除くこと」という意味なので「テッ」は「徹」ではなく「撤」が正しい。

13 堆積
14 把握
15 誘拐

10 漢字の書き 2

1 闇市
2 竜巻
3 井
4 渦潮
5 鹿
6 暁
7 賭
8 陥

注意 「おちい(る)」という訓読みもある。

9 狙
10 沸
11 嘲
12 泡
13 棚上
14 諭
15 懲

11 漢字の書き 3

1 亀裂
2 納棺
3 哺乳
4 閑静
5 土壌
6 采配
7 船舶
8 生涯
9 箸
10 陥没
11 枕
12 拒否
13 銘

注意 「心に刻む」という意味なので、「銘ずる」が正しい。

14 曖昧
15 報酬

12 漢字の書き 4

1 上靴

注意 「上」を「うわ」と読む場合は、ほかに「上書き」「上唇」などがある。

2 弄
3 偽
4 梨
5 恭
6 薫
7 匂
8 縄
9 蜂
10 爽
11 後釜
12 漆
13 醜
14 眺
15 塩漬

13 漢字の書き 5

1 才媛
2 古刹
3 喪主
4 洞窟
5 核心

注意 同音異義語「確信」「革新」などに注意。ここでは、「物事の中心」という意味の「核心」が正しい。

6 訃報
7 年俸
8 破綻
9 酷暑
10 消耗
11 腎臓
12 義肢（義歯）
13 渉外
14 惰性
15 渓谷

14 漢字の書き 6

1 弥生
2 命懸
3 麓
4 磨
5 脇
6 砕
7 崖
8 戻
9 蓋
10 汁粉
11 虎
12 培
13 蛇
14 薦

注意 同訓異字「進める」「勧める」と使い分けができるように。

15 茎

15 漢字の書き 7

1 一斉
2 貪欲
3 郷愁
4 比喩
5 王妃
6 肥沃
7 門扉
8 餅
9 進呈
10 芯
11 盆栽
12 語呂
13 左遷

注意 昔、中国では、右の方が左の方より尊かったことから、「低い地位に落とすこと」を意味する「左遷」という言葉ができた。

14 妥当
15 倫理

16 漢字の書き 8

1 均衡 ×均衝
2 伴侶
3 搭載
4 戦慄
5 花瓶
6 便宜 ×便宣
7 蜂起
8 機嫌 ×気嫌
9 未曽有
10 遺憾
11 柵
12 悪臭
13 裾 ×据
14 管轄
15 塾

17 部首 1

1 口
2 穴

注意　「うかんむり」と間違えないように。「空」「究」と同じく「あなかんむり」が部首である。

3 山
4 大
5 田
6 勹
7 丶
8 灬
9 釒
10 土
11 十
12 酉
13 鳥
14 弓
15 竜
16 又
17 辰
18 儿
19 女
20 阜

18 部首 2

1 阝
2 口
3 行
4 冫
5 廾
6 口
7 麻

注意　「まだれ」と間違えないように注意。部首は「あさ」。

8 刀
9 骨
10 罒
11 虫
12 羽
13 甘
14 尸
15 一
16 亠
17 几
18 斉
19 氵
20 二

19 熟語の構成 1

1 イ
2 オ
3 ウ
4 ア
5 エ
6 エ
7 ア
8 エ
9 イ

注意　「禍」は「災い」、「福」は「幸せ」という意味を表す。

10 ウ
11 ウ
12 エ
13 イ
14 ア
15 ウ
16 オ
17 ウ
18 イ
19 エ
20 ア

20 熟語の構成 2

1 ア
2 ウ
3 エ
4 オ
5 イ
6 ア
7 イ
8 ア
9 エ
10 ウ
11 オ
12 イ
13 エ
14 ア
15 ウ
16 ウ

注意　「酷」には、「むごい」という意味以外に「はなはだしい」という意味がある。

17 イ
18 ウ
19 ア
20 エ

21 四字熟語1

ア 必衰
イ 堅固

注意 「志操」も「堅固」も「意志がかたいこと」という意味がある。

ウ 滅裂
エ 満帆
オ 酌量
カ 天涯
キ 感慨
ク 晴耕
ケ 変幻
コ 巧言

1 ク
2 コ
3 カ
4 ウ
5 ア

22 四字熟語2

ア 五裂
イ 打尽
ウ 成就
エ 伯仲
オ 千秋
カ 熟慮
キ 孤立
ク 有為
ケ 面目
コ 多岐

注意 分かれ道が多すぎて逃げた羊を見失ってしまったという故事からできた四字熟語。

1 カ
2 ク
3 ア
4 ケ
5 エ

23 四字熟語3

ア 兼行
イ 剛健
ウ 蛇尾
エ 氷人

注意 「男女の縁をとりもつ人(仲人)」という意味の故事成語、「月下老人」と「氷人」との合成語。

オ 択一
カ 流言
キ 喜色
ク 孤軍
ケ 危急
コ 閑話

1 キ
2 ウ
3 ア
4 コ
5 カ

24 四字熟語4

ア 鉄壁
イ 一遇
ウ 万丈
エ 北馬
オ 垂範
カ 傍若
キ 内憂
ク 悠悠(悠々)
ケ 謹厳
コ 是非

1 エ

注意 「東奔西走」も同じ意味。

2 コ
3 カ
4 ア
5 ケ

25 四字熟語5

ア 懸命

注意 「一生懸命」と使われるが、もとは「一か所の領地を命を懸けて守ること」という意味で「一所懸命」。

イ 果敢
ウ 激励
エ 万象
オ 御免
カ 主客
キ 針小
ク 難攻
ケ 一汁
コ 頑固

1 ク
2 ケ
3 カ
4 オ
5 コ

26 対義語・類義語1

1 拘束
2 妥結
3 派遣
4 拒否
5 軟弱
6 過剰
7 哀悼
8 中枢
9 購入
10 一括
11 潤沢

注意 「豊富」の対義語は「払底」である。

12 罷免
13 快癒
14 変遷
15 汚名
16 欠陥
17 妥協
18 厄介
19 肯定
20 逝去

27 対義語・類義語2

1 丁寧
2 撤退
3 喪失
4 穏健
5 添加
6 虐待
7 濃厚
8 貧窮
9 擁護
10 融解
11 安泰
12 貢献
13 抹消
14 頑固
15 妊娠
16 左遷
17 盛衰
18 紛糾

注意 「混乱」の対義語は「秩序」である。

19 割愛
20 介入

28 同音・同訓異字1

1 抱擁
2 包容
3 浮揚
4 扶養
5 官邸
6 艦艇
7 派遣
8 覇権
9 転嫁

注意 「ほかの状態に変わる」という意味の「転化」という同音異義語に注意。

10 添加
11 洗浄
12 扇状
13 凝
14 懲
15 旨
16 棟

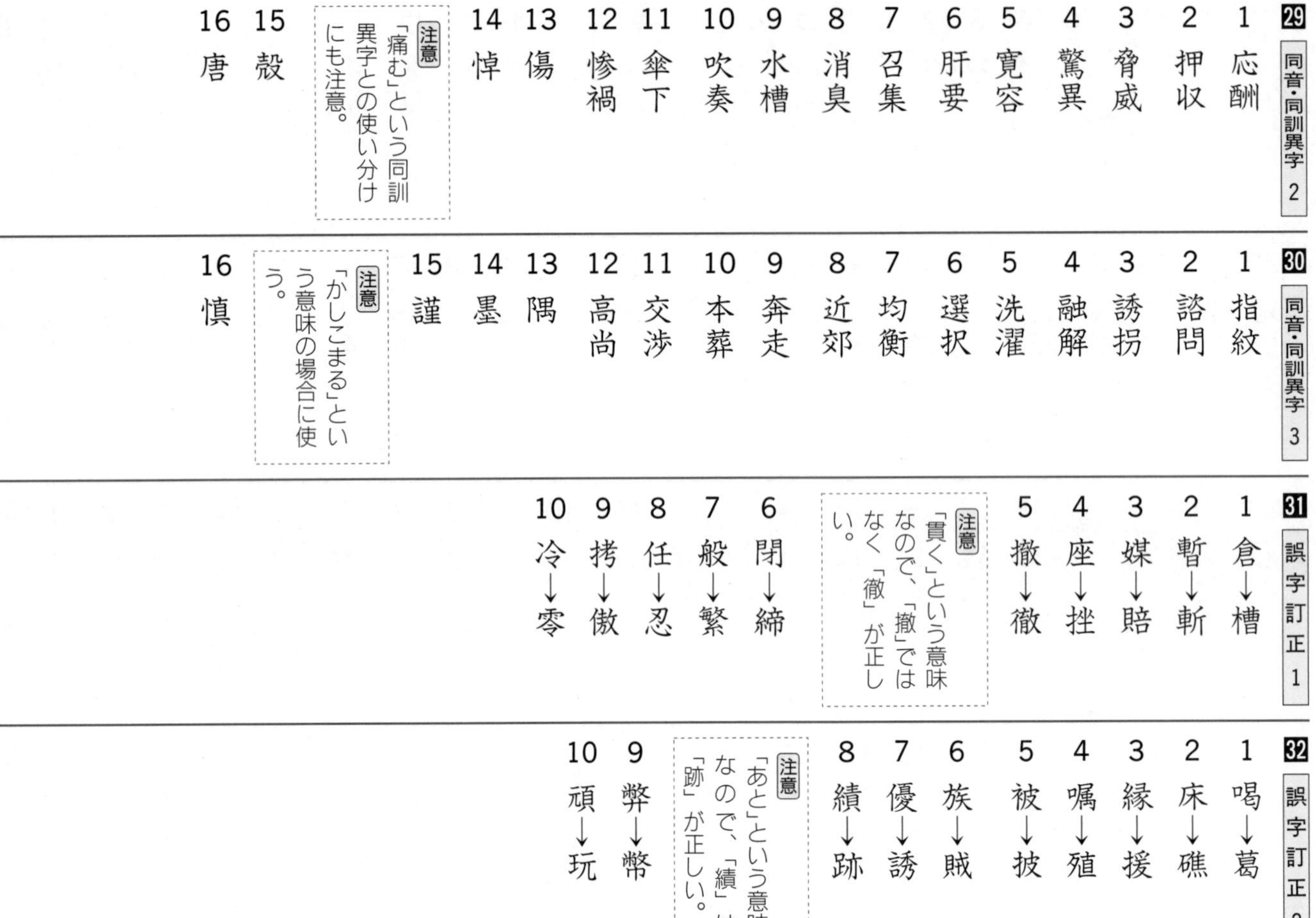

29 同音・同訓異字 2

1 応酬
2 押収
3 脅威
4 驚異
5 寛容
6 肝要
7 召集
8 消臭
9 水槽
10 吹奏
11 傘下
12 惨禍
13 傷
14 悼

注意 「痛む」という同訓異字との使い分けにも注意。

15 殻
16 唐

30 同音・同訓異字 3

1 指紋
2 諮問
3 誘拐
4 融解
5 洗濯
6 選択
7 均衡
8 近郊
9 奔走
10 本葬
11 交渉
12 高尚
13 隅
14 墨
15 謹

注意 「かしこまる」という意味の場合に使う。

16 慎

31 誤字訂正 1

1 倉→槽
2 暫→斬
3 媒→賠
4 座→挫
5 撤→徹

注意 「貫く」という意味なので、「撤」ではなく「徹」が正しい。

6 閉→締
7 般→繁
8 任→忍
9 拷→傲
10 冷→零

32 誤字訂正 2

1 喝→葛
2 床→礁
3 縁→援
4 嘱→殖
5 被→披
6 族→賊
7 優→誘
8 績→跡

注意 「あと」という意味なので、「績」は「跡」が正しい。

9 弊→幣
10 頑→玩

33 誤字訂正 3

1 欧→旺
2 予→余
3 段→壇
4 採→催
5 款→緩
6 凡→煩
7 境→況
8 懲→凝
9 巡→循
10 愚→惧

34 漢字と送りがな 1

1 脅かさ

注意 「おど(す)」「おど(かす)」という訓読みもある。

2 妨げる
3 籠もって
4 綻び
5 塞ぐ
6 拭い
7 宛てて
8 呪う
9 罵る
10 膨らん
11 償い
12 隔たり
13 甚だしく
14 遂げる
15 煩わしい

35 漢字と送りがな 2

1 諦める
2 貪る
3 溺れる
4 叱られ
5 羨む

注意 「うらや(ましい)」という訓読みもある。

6 腫れて
7 恨めしい
8 狙う
9 翻す
10 専ら
11 緩やかな
12 繕う
13 慈しみ
14 臭かっ
15 絡まる

36 漢字の読み 9

1 りょうぜん
2 ちょくめい
3 るり
4 よれい
5 ちくじ ×すいじ
6 ならく
7 じょうせい
8 ぼうしょく ×ぼうしき
9 こんちゅう
10 せんりつ
11 ひんしゅつ
12 まもう
13 ゆかい
14 わずら
15 えり
16 あわ
17 くちびる
18 すた

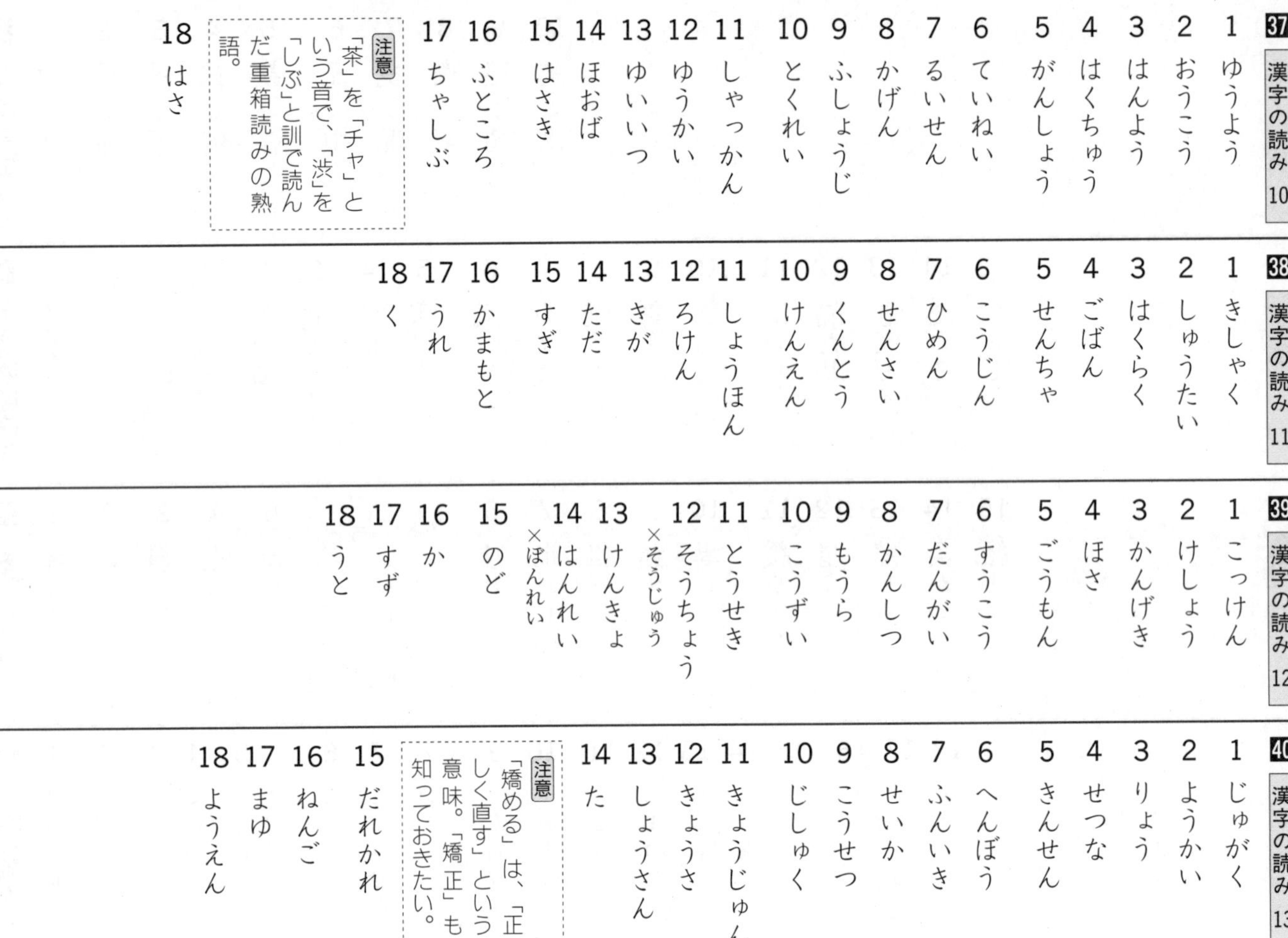

37 漢字の読み 10

1 ゆうよう
2 おうこう
3 はんよう
4 はくちゅう
5 がんしょう
6 ていねい
7 るいせん
8 かげん
9 ふしょうじ
10 とくれい
11 しゃっかん
12 ゆうかい
13 ゆいいつ
14 ほおば
15 はさき
16 ふところ
17 ちゃしぶ

注意 「茶」を「チャ」という音で、「渋」を「しぶ」と訓で読んだ重箱読みの熟語。

18 はさ

38 漢字の読み 11

1 きしゃく
2 しゅうたい
3 はくらく
4 ごばん
5 せんちゃ
6 こうじん
7 ひめん
8 せんさい
9 くんとう
10 けんえん
11 しょうほん
12 ろけん
13 きが
14 ただ
15 すぎ
16 かまもと
17 うれ
18 く

39 漢字の読み 12

1 こっけん
2 けしょう
3 かんげき
4 ほさ
5 ごうもん
6 すうこう
7 だんがい
8 かんしつ
9 もうら
10 こうずい
11 とうせき
12 そうちょう ×そうじゅう
13 けんきょ
14 はんれい ×ぼんれい
15 のど
16 か
17 すず
18 うと

40 漢字の読み 13

1 じゅがく
2 ようかい
3 りょう
4 せつな
5 きんせん
6 へんぼう
7 ふんいき
8 せいか
9 こうせつ
10 じしゅく
11 きょうじゅん
12 きょうさ
13 しょうさん
14 た

注意 「矯める」は、「正しく直す」という意味。「矯正」も知っておきたい。

15 だれかれ
16 ねんご
17 まゆ
18 ようえん

41 漢字の読み14

1 ばいしゃく（×ぼうしゃく）
2 たいかん
3 かいじゅう（×かいにゅう）
4 またした
5 にんしん
6 しょみん
7 きょうじん
8 すいま
9 いかく（×いせき）
10 きゅうめい
11 きゅうかく
12 こうてい
13 てつや
14 ののし
15 す
16 どろくさ
17 わずら
18 かたよ

---

42 漢字の書き9

1 捜査
2 返戻
3 盗塁
4 倫理（×論理）
5 寮
6 恐竜
7 下痢
8 炎症
9 硫酸
10 捕虜
11 酪農
12 羅針
13 中庸
14 融資
15 真偽

注意 「信義」「審議」などの同音異義語に注意。

---

43 漢字の書き10

1 枠
2 賄
3 鈴
4 柳
5 履
6 膝
7 岬
8 緒
9 顎
10 醸
11 涼
12 長靴
13 麻袋
14 堀

注意 似た形の字「掘」に注意。「ほってできたもの」は「つちへん」、「ほる」という動作のときは「てへん」

15 紡

---

44 漢字の書き11

1 厳粛
2 荒涼
3 猶予（×裕余）
4 唯物
5 教諭
6 愉快
7 厄介
8 累計
9 消耗
10 盲目
11 献立
12 銘菓（×名菓）
13 摩擦
14 抹消
15 打撲（×打僕）

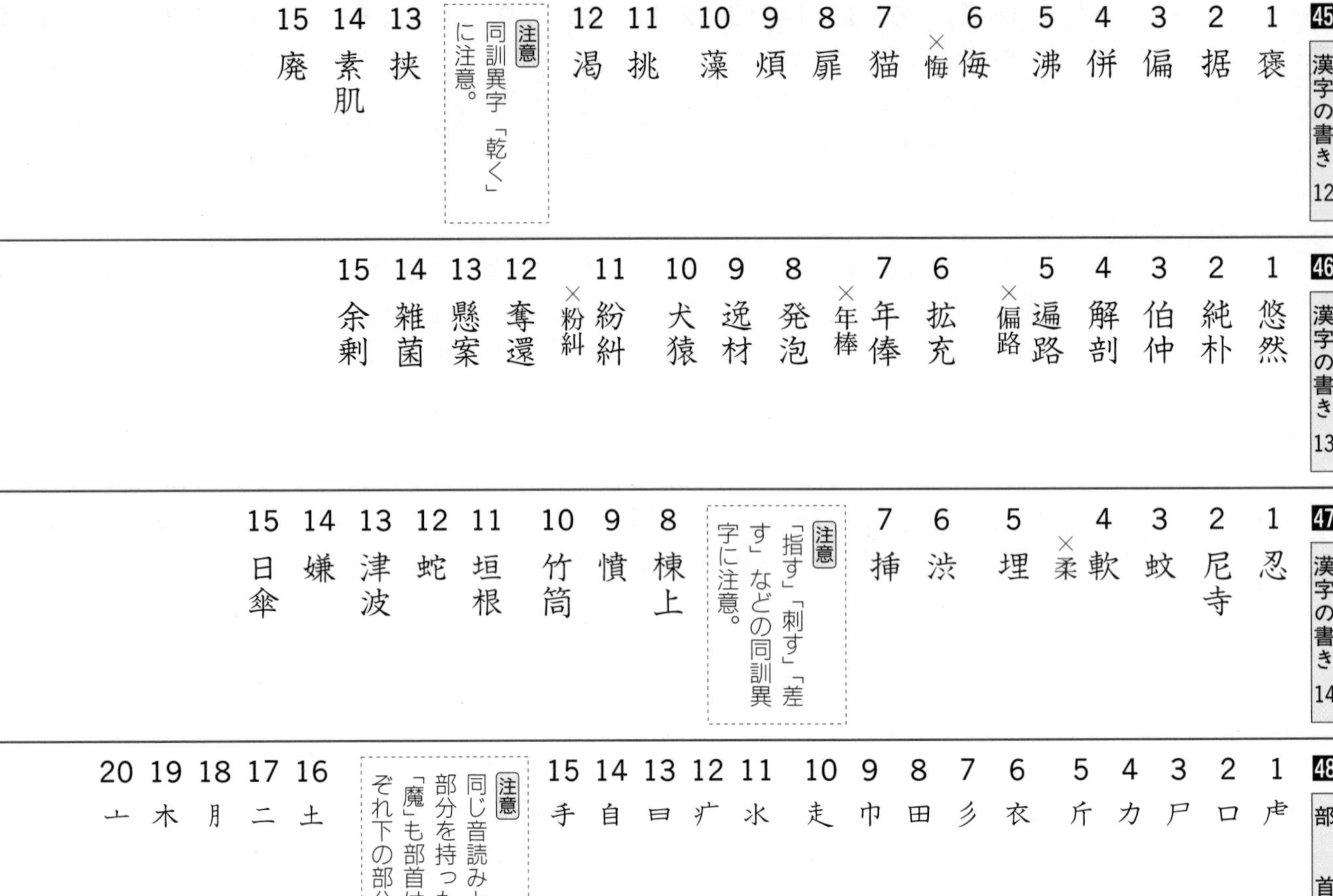

45 漢字の書き 12

1 褒
2 据
3 偏
4 併
5 沸
6 侮　×悔
7 猫
8 扉
9 煩
10 藻
11 挑
12 渇

注意　同訓異字「乾く」に注意。

13 挟
14 素肌
15 廃

46 漢字の書き 13

1 悠然
2 純朴
3 伯仲
4 解剖
5 遍路　×偏路
6 拡充
7 年俸　×年棒
8 発泡
9 逸材
10 犬猿
11 紛糾　×粉糾
12 奪還
13 懸案
14 雑菌
15 余剰

47 漢字の書き 14

1 忍
2 尼寺
3 蚊
4 軟　×柔
5 埋
6 渋
7 挿

注意　「指す」「刺す」「差す」などの同訓異字に注意。

8 棟上
9 憤
10 竹筒
11 垣根
12 蛇
13 津波
14 嫌
15 日傘

48 部首 3

1 虍
2 口
3 尸
4 力
5 斤
6 衣
7 彡
8 田
9 巾
10 走
11 氺
12 疒
13 曰
14 自
15 手

注意　同じ音読みと同じ部分を持った「磨」「魔」も部首はそれぞれ下の部分。

16 土
17 二
18 月
19 木
20 亠

49 部首 4

1 鬼
2 耒
3 儿
4 艹
5 力
6 斗

注意 「斗」という漢字をもとにしてできた部首。「斜」「斡」の部首でもある。

7 目
8 寸
9 頁
10 羽
11 小
12 隹
13 卩
14 人
15 戈
16 矢
17 山
18 口
19 一
20 手

50 熟語の構成 3

1 ア
2 オ
3 ウ
4 ウ
5 イ
6 イ

注意 「衆」は「多い」、「寡」は「少ない」という意味がある。

7 ア
8 ウ
9 エ
10 エ
11 ウ
12 エ
13 イ
14 オ
15 ア
16 ウ
17 イ
18 ア
19 ウ
20 エ

51 熟語の構成 4

1 イ
2 エ
3 オ
4 ア
5 ウ
6 イ

注意 「任免」は、「任命と免職」という意味。

7 ア
8 ウ
9 エ
10 ウ
11 ウ
12 エ
13 ア
14 イ
15 エ
16 ア
17 ウ
18 イ
19 オ
20 ア

52 四字熟語 6

ア 浄土
イ 潔斎

注意 「しょうじんけっさい」と読む四字熟語。意味は「肉食を絶つなどして、身を清めること」。

ウ 衝天
エ 奔放
オ 外親
カ 威風
キ 天井
ク 教唆
ケ 三位
コ 思慮

1 エ
2 オ
3 ク
4 キ
5 コ

53 四字熟語7

ア 背反
イ 尚早
ウ 隻語

注意
「へんげんせきご」と読む四字熟語。「片言隻句」「一言半句」も似た意味である。

エ 無双
オ 乱麻
カ 呉越
キ 軽挙
ク 春宵
ケ 東奔
コ 普遍

1 イ
2 ケ
3 エ
4 オ
5 コ

54 四字熟語8

ア 辛苦
イ 拙速
ウ 阻喪
エ 錯誤
オ 飽食
カ 平穏 ×平温
キ 免許
ク 懇切
ケ 隠忍 ×陰忍
コ 博覧

1 ケ
2 オ
3 コ
4 ア
5 ウ

55 四字熟語9

ア 果敢
イ 迅雷
ウ 卓説
エ 滅却
オ 壮大
カ 自縄
キ 唯我

注意
釈迦が誕生するとすぐに、四方に七歩歩み、一手で天を指し、もう一手で地を指して「天上天下唯我独尊」と唱えたといわれる。

ク 無為
ケ 泰然
コ 酒池

1 オ
2 ウ
3 ケ
4 ア
5 ク

56 対義語・類義語3

1 卑近
2 治癒
3 稚拙
4 枯渇
5 酷評
6 中庸
7 恥辱
8 暗愚
9 普遍

注意
「一般」も「特殊」の対義語である。

10 懐柔
11 懸命
12 知己
13 謀反
14 懸念
15 忍耐
16 考慮
17 伯仲
18 幽閉
19 受諾
20 処罰

57 対義語・類義語 4

1 酷寒
2 陳腐
3 謙虚
4 寛容
5 流浪
6 古豪
7 一斉
8 漆黒
9 束縛
10 追随
11 辛酸
12 吉凶
13 均衡
14 邸宅
15 敢闘
16 突如
17 沈着

注意 「冷静」の対義語は「興奮」である。

18 撲滅
19 偏屈
20 虚構

58 同音・同訓異字 4

1 本俸
2 奔放

注意 「わが国」という意味の「本邦」という同音異義語も一緒に覚えておきたい。

3 郷愁
4 強襲
5 破棄
6 覇気
7 荒廃
8 後輩
9 花瓶
10 過敏
11 詐称
12 査証
13 香
14 蚊
15 喪
16 藻

59 同音・同訓異字 5

1 渋滞
2 縦隊
3 一括
4 一喝
5 送還
6 壮観
7 謁見
8 越権
9 廃棄
10 排気
11 船舶
12 浅薄
13 障
14 触
15 射
16 鋳

注意 「必要」という意味の「要る」、「はいる」という意味の「入る」という意味の同訓異字も一緒に覚えておきたい。

60 同音・同訓異字 6

1 騰貴
2 陶器
3 賢明
4 懸命
5 真偽
6 審議
7 環礁
8 感傷

注意 「鑑賞」「干渉」などの同音異義語にも注意。

9 矯正
10 強制
11 起源
12 機嫌
13 老
14 更
15 常
16 床

61 誤字訂正4

1 賓→頻
2 差→詐
3 緩→寛

注意 「ゆるやか」という意味の「緩」ではなく、「ひろい」という意味の「寛」が正しい。

4 挙→拠
5 刷→擦
6 掘→彫
7 塔→搭
8 迅→甚
9 才→彩
10 超→挑

62 誤字訂正5

1 興→恒
2 堅→難

注意 「得ることがむずかしい」という意味なので、「堅い」ではなく、「難い」が正しい。

3 携→継
4 染→繊
5 警→傾
6 醜→臭
7 布→普
8 使→刺
9 検→顕
10 綱→項

63 誤字訂正6

1 勢→斉
2 禁→菌
3 速→促
4 府→腐
5 過→可
6 糸→矢
7 等→凍
8 役→躍
9 端→担
10 講→購

注意 「お金を出して買う」のだから、「かいへん」がつく「購」が正しい。

64 漢字と送りがな3

1 和らげる

注意 「なご(む)」「なご(やか)」という訓読みもある。

2 全く
3 傍ら
4 損なう
5 老ける
6 装い
7 慌てる
8 怠ら
9 嘆かわしい
10 反らし
11 憤る
12 抜かり
13 秀でる
14 辱める
15 芳しく

65 漢字と送りがな 4

1 廃れる
2 汚らわしい
3 唆さ
4 培わ
5 涼しく
6 滴る
7 悼む
8 陥れる
9 操る
10 卑しめる
11 遮る
12 穏やかな
13 侮っ
14 矯める
15 抱える

注意 「だ（く）」「いだ（く）」という訓読みもある。

66 漢字の読み 15

1 くちく
2 いご
3 かんぼつ
4 しゅんしょう
5 ひょうしょう
6 しゅっかん
7 ふつぎょう

注意 「明け方」という意味。

8 ぎじん
9 きげん
10 はいすいこう
11 こんがん
12 きょひ
13 しんちょく
14 なつ

注意 「ふところ」という訓読みもある。**37** 16参照。

15 いつわ
16 えど
17 つなみ
18 かわ

67 漢字の読み 16

1 かんづめ ×かんずめ
2 やっかい
3 かっしょく
4 けいこう
5 しょくさい
6 さくさん
7 しゅうじん
8 きかんじゅう
9 ゆいしょ ×ゆうしょ
10 かどう
11 しゅんそく
12 だんしゃく
13 かじょう
14 さえぎ
15 うれ
16 つぐな
17 わずら
18 たてつぼ

68 漢字の読み 17

1 きんしん
2 かんかつ
3 けんさく
4 せんたくし
5 おじ

注意 父母の弟には「叔父」、父母の兄には「伯父」を使う。

6 けんお ×けんあく
7 ひじゅん ×ひすい
8 じょうもん
9 しんじゅ
10 ちょうか
11 ほうしゅう
12 かっぱ
13 じんそく
14 すぎ
15 うねづく
16 ちか
17 すす
18 うと

69 漢字の読み 18

1 げきじん
2 かんぶ
3 けっさく
4 やくびょうがみ　×えきびょうがみ
5 ねんぐ
6 しょうりょう
7 さぎ
8 じゃぐち
9 こうかく
10 ぎんみ
11 さんどう　×せんどう
12 しんしん　×つつ
13 じゅがく
14 さが
15 あ
16 さ
17 も
18 しもばしら

70 漢字の読み 19

1 そうがい
2 にそう
3 こぼんのう
4 あいびょう
5 きょうじん
6 かんさん
7 きょうじゅ
8 かいきん
9 くんしょう
10 さいじょう　×せいじょう
11 しゅくじょ
12 じゅんかん
13 どじょう
14 たなだ
15 とむら
16 つ
17 こ
18 かいづか　×かいずか

71 漢字の読み 20

1 がんこ
2 じゅくせい
3 きんせん
4 ちゅうすう
5 かんせん
6 きゅうくつ
7 せっとう
8 じっせん
9 けいこく
10 せんぬ
11 そうさ
12 ごふく
13 たいへい
14 とびら
15 しの
16 ほらあな　(どうけつ)
17 ひとすじなわ

> 注意　「一筋縄」は、「普通の方法」という意味。

18 さと

72 漢字の書き 15

1 包括
2 収賄
3 予鈴
4 累計
5 同僚
6 幸甚

> 注意　「幸甚」は、手紙で使われる場合が多い。

7 成就
8 川柳
9 煩悩
10 胸襟
11 多寡
12 修羅場
13 履歴
14 凶刃
15 裕福

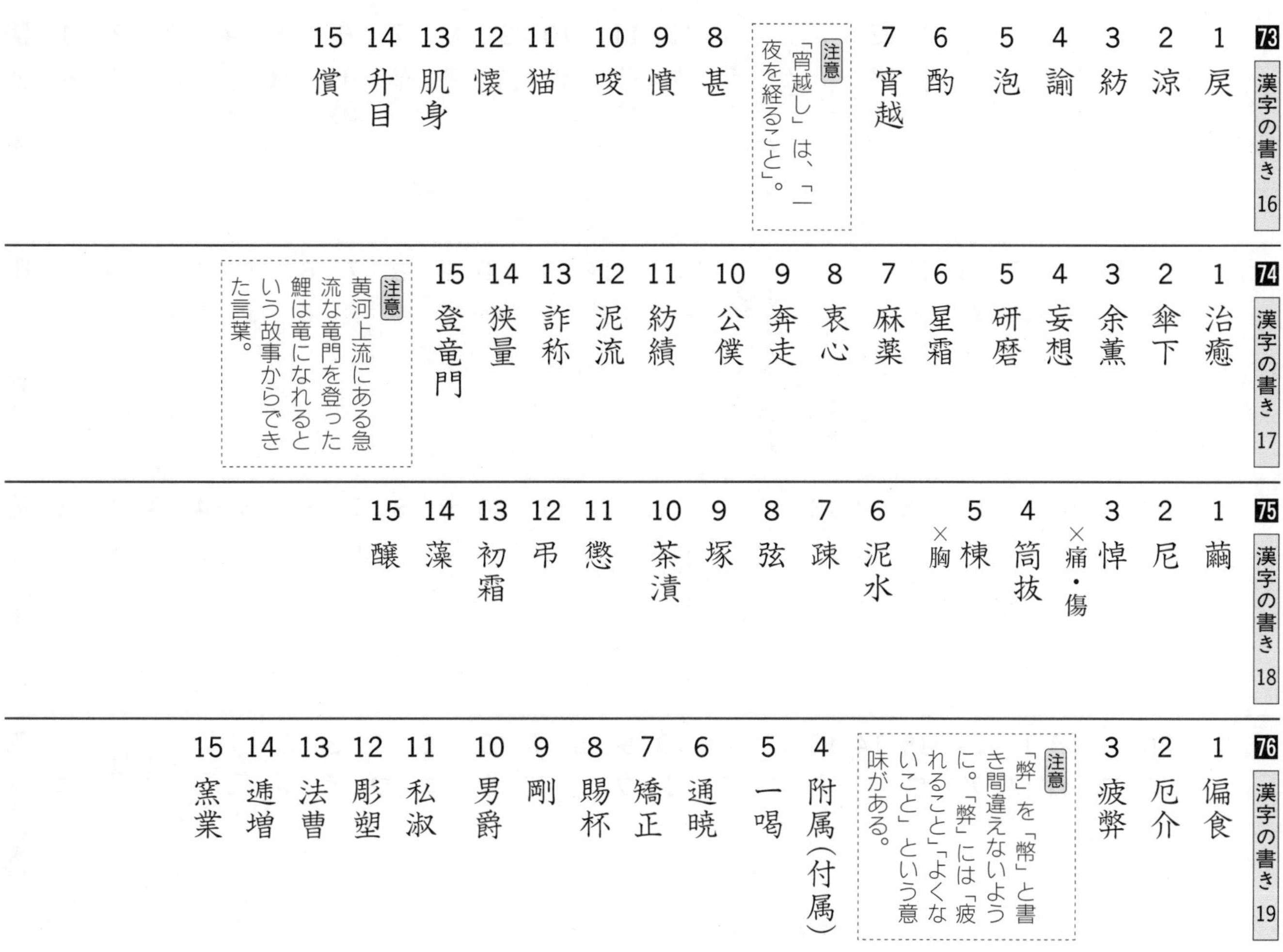

73 漢字の書き 16

1 戻
2 涼
3 紡
4 諭
5 泡
6 酌
7 宵越

注意 「宵越し」は、「一夜を経ること」。

8 甚
9 憤
10 唆
11 猫
12 懐
13 肌身
14 升目
15 償

74 漢字の書き 17

1 治癒
2 傘下
3 余薫
4 妄想
5 研磨
6 星霜
7 麻薬
8 衷心
9 奔走
10 公僕
11 紡績
12 泥流
13 詐称
14 狭量
15 登竜門

注意 黄河上流にある急流な竜門を登った鯉は竜になれるという故事からできた言葉。

75 漢字の書き 18

1 繭
2 尼
3 悼 ×痛・傷
4 筒抜
5 棟 ×胸
6 泥水
7 疎
8 弦
9 塚
10 茶漬
11 懲
12 弔
13 初霜
14 藻
15 醸

76 漢字の書き 19

1 偏食
2 厄介
3 疲弊

注意 「弊」を「幣」と書き間違えないように。「弊」には「疲れること」「よくないこと」という意味がある。

4 附属(付属)
5 一喝
6 通暁
7 矯正
8 賜杯
9 剛
10 男爵
11 私淑
12 彫塑
13 法曹
14 逓増
15 窯業

77 漢字の書き 20

1 猿
2 革靴
3 統
4 出稼
5 虞
6 干潟
7 恭
8 患
9 謹
10 貢
11 升席
12 逝
注意 「人が亡くなる」という意味では、「逝く」を使う。
13 坪当
14 浦風
15 窯元

78 部首 5

1 臼
2 豕
3 門
4 缶
5 立
6 石
7 鹿
8 辛
9 衣
10 口
11 一
12 戸
13 手
14 至
注意 部首は「のぶん（ぼくづくり）」ではなく、「いたる」である。
15 日
16 立
17 玉
18 馬
19 木
20 中

79 部首 6

1 士
2 口
3 罒
4 衣
5 髟
6 女
7 目
8 ノ
9 貝
10 口
11 卜
12 貝
注意 部首は「うかんむり」ではなく、「かい（こがい）」である。
13 虍
14 瓦
15 豆
16 ノ
17 禾
18 女
19 虫
20 大

80 熟語の構成 5

1 エ
注意 読みは「こっき」で、「自分の欲望や邪念に打ち勝つこと」である。
2 イ
3 ア
4 ウ
5 エ
6 ウ
7 ア
8 イ
9 ウ
10 オ
11 ア
12 エ
13 オ
14 ア
15 ウ
16 ア
17 ウ
18 イ
19 エ
20 エ

81 熟語の構成 6

1 エ
2 イ
3 ア
4 オ
5 ウ
6 イ
7 イ
8 ウ
9 エ
10 ア
11 オ
12 ア
13 ウ

注意 「抹」には、「粉にする」という意味がある。

14 ウ
15 イ
16 イ
17 エ
18 ア
19 エ
20 ウ

82 四字熟語 10

ア 連衡
イ 秩序
ウ 即妙
エ 砕身
オ 定離

注意 「えしゃじょうり」と読む。もとは仏教用語。

カ 明鏡
キ 枝葉
ク 秋霜
ケ 清廉
コ 唯一

1 イ
2 ア
3 コ
4 オ
5 ウ

83 四字熟語 11

ア 流転

注意 「しょうじょうるてん」と読む。

イ 内剛
ウ 煩悩
エ 翼翼・翼々
オ 壮語
カ 和魂
キ 遺憾
ク 遠慮
ケ 汗牛
コ 理非

1 ケ
2 エ
3 ア
4 キ
5 コ

84 四字熟語 12

ア 登仙
イ 雷同

注意 「付和雷同」は、「自説をもたず他の説に理由もなく賛成すること」。「尻馬に乗る」という言葉も同じ意味。

ウ 乾燥
エ 管弦
オ 依然
カ 破邪
キ 大胆
ク 怒髪
ケ 金科
コ 禍福

1 キ
2 ア
3 オ
4 コ
5 ケ

85 対義語・類義語 5

1 恭順
2 高尚
3 崇拝

注意 「軽蔑」が似た意味の言葉である。

4 寡黙
5 清澄
6 分析
7 荘重
8 浪費
9 華美
10 舶来
11 媒酌
12 星霜
13 概略
14 遺憾
15 阻止
16 快癒
17 浴槽
18 頑健
19 倫理
20 窮地

86 対義語・類義語 6

1 享楽
2 快諾
3 下賜
4 懲罰
5 阻害

注意 助長は、「力添えをして成長させる」という意味で使うが、もとは「手助けをしてかえって害する」という意味の故事成語。

6 陥没
7 抽出
8 嫌悪
9 拙速
10 及第
11 厄介
12 幻滅
13 負債
14 抄録
15 秀逸
16 由緒
17 傾倒
18 駆逐
19 通暁
20 殊勲

87 同音・同訓異字 7

1 諭旨
2 油脂
3 沈滞
4 賃貸
5 冒頭
6 暴騰
7 奨励
8 症例
9 阻害
10 疎外
11 若干
12 弱冠
13 詰
14 摘

注意 「積む」という同訓異字との使い分けにも注意。

15 端
16 刃

88 同音・同訓異字 8

1 譲与
2 剰余
3 懐柔
4 怪獣
5 肯定
6 公邸
7 双肩

注意 もとは「左右双方の肩」という意味。それが転じて「責任を負うもの」をたとえる意味となった。

8 壮健
9 勇退
10 有袋
11 生涯
12 障害
13 穂
14 帆
15 重
16 柄

89 誤字訂正 7

1 尽→甚

注意 「物事の程度が極めて大きい様子」という意味の「甚大」が正しい。

2 逆→虐
3 遊→裕
4 看→鑑
5 傾→渓
6 唆→詐
7 誠→誓
8 泉→栓
9 跡→析
10 冗→錠

90 誤字訂正 8

1 敗→廃
2 充→渋
3 襲→酬
4 令→麗
5 健→堅
6 登→搭
7 柄→併
8 該→概

注意 「物事の大まかな内容」という意味の「概念」が正しい。

9 線→繊
10 詰→喫

91 漢字と送りがな 5

1 脅かさ

注意 送りがなは「おど(かす)」と一緒だが、「おびや(かす)」という訓読みもあるので注意が必要。

2 憩う
3 弔う
4 賢い
5 据える
6 愚かしい
7 偏る
8 挟まっ
9 乏しい
10 醸し
11 裂ける
12 奉っ
13 酸っぱい
14 葬る
15 更ける

92 漢字と送りがな 6

1 悔いる

注意 「くいる」「くやむ」のときは「いる」「やむ」とつけるが、「くやしい」のときは「しい」と送りがなをつける。

2 埋もれ
3 誓う
4 既に
5 懲りる
6 潤っ
7 砕け
8 漏れる
9 覆う
10 紛れ
11 奏でる
12 潔く
13 阻む
14 賄う
15 飽きる

実戦模擬テスト 1

(一)

1 けんきん
2 ふろ
3 がんぜ

注意 「頑是ない」という形で使い、「無邪気である」という意味。

4 とばく
5 れんま
6 めいど
7 ほてん
8 きえ ×きい
9 かくちく ×かくすい
10 しんし
11 てんがい
12 けいべつ
13 すうこう
14 ざいごう ×ざいぎょう
15 しんぼく
16 せじょう ×しじょう
17 しっそう
18 けっこん
19 おうせい
20 すきや
21 いのちご
22 うたい
23 さかのぼ
24 つや
25 かわら
26 うぶぎ
27 あせ
28 おのれ
29 から
30 いぶき

(二)

1 木
2 頁
3 行

注意 「ぎょうにんべん」と間違えないように。「衝」「衛」も「ぎょうがまえ(ゆきがまえ)」が部首。

4 辛
5 鼓
6 肉
7 耒
8 大
9 手
10 疒

(三)

1 ウ
2 オ
3 ア
4 エ
5 イ
6 ウ
7 イ
8 エ
9 ア
10 ウ

(四)

1 粛正
2 乱麻
3 滅却
4 篤実
5 北斗
6 無為
7 佳人
8 万緑
9 秋霜
10 眺望
11 エ
12 コ
13 カ
14 ア
15 ク

(五)

1 薄暮
2 崇拝
3 栽培
4 拘束
5 頑健
6 拠点
7 威嚇
8 邪魔
9 憤慨
10 策謀

(六)
1 包装
2 法曹
3 審議
4 真偽
5 喚起
6 換気
7 葬列
8 壮烈
9 障
10 触

(七)
1 就↓蹴
2 除↓如
3 反↓氾
4 操↓創
5 直↓捗

(八)
1 著しく
2 詣でる
3 装っ
4 萎える
5 潤す

(九)
1 肖像
2 割愛
3 払拭
4 胸襟
5 貼付
6 穏便
7 冥利
8 交錯
9 製麺
10 暫定
11 妖気
12 曽祖父
13 駒
14 一肌
15 控
16 腐
17 虹
18 鍋
19 塞
20 暴
21 痩
22 素人
23 嵐
24 渇
25 臆

実戦模擬テスト2

(一)
1 ぼっぱつ
2 しっぺい ×しつびょう
3 ぐまい
4 たいよ
5 いっこん ×いっけん
6 ごんぎょう
7 こすい
8 はそく
9 しょうたく
10 しょうけい（どうけい）
11 えいそう ×えいす
12 しっと
13 ごい
14 せいそう
15 にそう
16 はいかい
17 こんじょう ×こんせい
18 せいさん
19 しょうばん
20 ざんがい
21 つらあ
22 かき
23 はきもの
24 うらや
25 おそ
26 はやく ×はしゃく
27 は
28 たてまつ
29 つまさき
30 だし ×やまぐるま

注意 「面当て」とは、「あてつけ」のこと。「面」には、「つら」のほか「おも」「おもて」という訓読みがある。

(二)
1 口
2 頁
3 𡿺
4 竜
5 一
6 酉
7 女
8 禾
9 虍
10 文

(三)
1 エ
2 イ
3 ア
4 オ
5 ウ
6 ア
7 イ
8 ウ
9 エ
10 ア

注意 「析」にも「分ける」という意味がある。「分析」の対義語は「総合」である。

(四)
1 潔斎
2 邪説
3 万丈
4 鬼没
5 外親
6 換骨
7 教唆
8 比翼
9 鶏口
10 熟慮
11 オ
12 ウ
13 ケ
14 ア
15 ク

(五)
1 丁寧
2 迅速
3 哀悼
4 幼稚
5 充足
6 撲滅
7 挑発
8 殊勲
9 心酔
10 由緒

(六)
1 寛容
2 肝要
3 諮問
4 指紋
5 誘拐
6 融解
7 渓谷
8 警告
9 割
10 裂

(七)
1 関→還
2 庸→瘍
3 然→捻
4 固→股
5 鮮→繊

(八)
1 潰れる
2 悔しがる
3 剝げた
4 恭しく
5 慈しみ

(九)
1 付箋(附箋)
2 斑点
3 巾着
4 音頭
5 結晶
6 料亭
7 慄然
8 車掌
9 瓦解
10 風情
11 怨霊
12 潔癖
13 由
14 鍵
15 潜
16 葛
17 坪
18 眉
19 詠
20 串
21 隔
22 謎
23 緒
24 基
25 唇